目　次

・この問題集の構成は，国語・数学・英語の順番になっています。
・ただし，国語は「右から左にページが進む」形態になっていますのでご注意ください。
・解答用紙は，左側にミシン目が入っていますので簡単に切り取れます。

【問題集の使い方】

●はじめに

この問題集は，中学２年生から新潟県公立高校入試を意識して，志望校合格を目指す皆さんが，効果的な学習を進められるように，次の方針で編集されています。

① 学校学習の進度を考慮して，推奨実施時期を３期に分けて模擬試験問題を準備しています。
② 各々の時期において問題解答が可能な問題を厳選して，９回分を掲載しています。

〔実戦問題実施時期〕　〔実戦問題実施テーマ〕

第Ⅰ期　**12月～１月……中２の冬休みが明ける前に理解しよう！**
１，２年生内容の弱点発見，冬休みの学習指針を作りましょう。

第Ⅱ期　**１月～３月……中３になる前に理解しよう！**
中２の３月までに１，２年生内容の定着度を確認しましょう。

第Ⅲ期　**３月～５月……中３授業が本格的に始まる前に理解しよう！**
中３の学習は５月のＧＷ明けから本格的にスタートします。その前に，１，２年生の学習内容をしっかり理解しておきましょう。

③ 実戦問題実施後の理解を深めるために，『解答・解説編』で詳しく解説しています。

●中２学習内容までで入試の６割以上は解けます！

入試で出題される問題は，中２までの学習内容で解ける問題が６割以上出題されています。つまり，中２学習を終えた時点で入試問題にチャレンジして，60点以上得点できる力が備わっていることが必要ということになります。
国語・数学・英語の各科目で，中２までの学習内容がどの程度出題されているのか，実際の入試問題を見てみましょう。以下は令和５年春の新潟県公立高校入試問題よりの分析資料です。

① 国　語

＜大問別配点＞

国語	配点	中1・2 内容配点
〔一〕	20点	14点
〔二〕	15点	12点
〔三〕	30点	30点
〔四〕	35点	23点
合計	100点	79点

文章理解が中心となる国語は，多くの問題を中２までの学習範囲で解くことができます。
〔一〕は漢字の読み書きの問題です。令和５年度入試では，書きの問題は小学校の学習漢字を中心に，読みの問題は中学校新出音訓を中心に出題されました。〔二〕の基礎知識は，熟語の構成，動詞の活用形や品詞の識別，多義語，誤りやすい語句の意味など，幅広く出題されました。〔三〕の古文読解は，複数の登場人物を整理し，動作主とその心情を把握することが求められます。〔四〕の論説文読解では，空欄補充などの内容理解の問題と，60～120字程度の記述問題が出題されます。国語の入試問題で最も重要なのは読解力と表現力です。文章中から解答の根拠を探し出す訓練を重ね，的確に要旨をまとめる表現力を養いましょう。

② 数　学

<大問別配点>

数学	配点	中1・2 内容配点
〔１〕	32点	24点
〔２〕	18点	18点
〔３〕	18点	9点
〔４〕	16点	16点
〔５〕	16点	0点
合計	100点	67点

〔１〕では基本的な計算問題が出題されていますが，配点32点中75％が中２までの学習内容で解ける問題でした。〔２〕では確率，図形の合同の証明，作図の問題ですべて中２までの内容で18点配点中の18点を占めています。〔３〕は関数の利用問題で前半部分は中２までの知識で解答ができました。

〔４〕は数の性質がテーマで規則性を見つけて証明する問題でした。難易度の高い問題でしたが，中２までの知識で解ける問題でした。〔５〕は空間図形で，中３学習内容の問題でした。

〔４〕までの累計で配点84点のところ，なんと67点が中１・中２内容となっており，その割合は79.8％となっていました。

数学合計100点に対しては，67点が中１・中２の知識で解ける問題となっていました。

③ 英　語

<大問別配点>

英語	配点	中1・2 内容配点
〔１〕	30点	27点
〔２〕	12点	12点
〔３〕	26点	11点
〔４〕	32点	18点
合計	100点	68点

〔１〕はリスニング問題です。対話文の放送において，中３で学習する文法・表現が散見されますが，質問内容と正解の根拠となる放送箇所の把握は，中２までの学習内容で可能です。〔２〕は資料読解・自由英作文の問題です。すべて中２までの学習内容で解答可能な問題で構成されています。図表などの資料を読み取って解答する力が求められます。〔３〕は対話文読解の問題です。適語補充や日本語記述の問題については，中２までの学習内容を理解していれば解答可能です。〔４〕は長文読解の問題です。中３の学習内容が英文の中に多く見られるだけでなく，要点を把握する力が求められるなど，高度な読解力が求められます。英問英答の問題の一部や自由英作文の問題は，中２までの学習内容を利用して取り組むことができます。

●本書の効果的な使い方 ≪ ３教科 テスト編 ≫

・新潟県統一模試会が実施している「新潟県統一模試　志望校判定テスト」の出題形式に沿った全９回分の実戦問題が掲載されています。解答時間は公立高校入試に沿って，各教科50分で実施します。

・この問題集の具体的な活用例をいくつかご紹介します。

≪その１　不得意分野を克服する≫

・不得意分野を克服したい場合は，最初の「第１回実戦問題」から始めます。

・まず，問題を確認して，「自分の力で解けそうか，そうでないか」の区別をします。

・解けそうな問題は，自分の力で解いた後，答え合わせだけで終わらせずに，“解き方や考え方”が正しいかどうかまで確認します。

・解くのが難しい問題は，“解き方や考え方”が納得できるまで，問題解説を熟読してください。不得意分野は，理解が定着するまで時間がかかるため，何度も復習することが大切です。

≪その２　得意分野の得点力をＵＰする≫

・得意分野の得点力を上げたい場合は，実施回にこだわらず，該当する問題に積極的にチャレンジして，問題対応力を身につけます。自己採点後，問題解説で理解をさらに深めてください。

≪その３　新潟県統一模試受験への準備≫

・この問題集に掲載されている問題を新潟県統一模試の受験前に解いて，傾向や難易度に慣れていきます。なお，出題範囲は実施回によって異なりますので，受験する実施回と同時期の実戦問題を活用してください。

新潟県統一模試（志望校判定テスト）との対応

〔実戦問題実施時期〕	〔実戦問題実施テーマ〕	〔新潟県統一模試対応〕
第　Ⅰ　期	中２の冬休み明けまでの学力定着度の確認	中２第３回（１月） 新潟県統一模試準備
第　Ⅱ　期	中１，中２内容の弱点発見，中３を迎える前の学習の指針作り	中３第１回（３月） 新潟県統一模試準備
第　Ⅲ　期	本格的受験勉強を始める前の中１，中２内容の総チェック，弱点分野の克服	中３第２回（５月） 新潟県統一模試準備

・模試終了後は，「解答・解説編」を見て問題解法を十分に理解してください。

英語リスニング放送問題

・英語の試験時間は，放送問題を含めて５０分です。
・英語を解答する際は，まず英語リスニング放送問題から開始してください。
・放送問題の終了後，他の問題を解答してください。
・英語リスニング放送問題の音声は，すべてオンライン上で配信しております。
右のＱＲコードまたは以下のアドレスから一覧にアクセスし，解答に必要な音声を再生してください。

https://t-moshi.jp/listening

●本書の効果的な使い方 ≪ 解答・解説編 ≫

解答・解説

各問題の解説がわかりやすくまとめられています。

採点後は誤答部分を中心に，弱点補強のために解説を徹底的に活用することが重要です。

●本書購入者への特典

社会・理科の問題をWebからダウンロード！

「中学２年からの受験対策　実戦問題集」を購入された方に購入者特典のお知らせです。
３教科の演習を十分に行った後は，購入者特典でさらなる演習を行ってみましょう。
実際の入試はご存じのように，国・数・英以外に社会と理科も加わった５教科で行われます。
そこで，問題集の購入者特典として，実際の新潟県統一模試で出題された社会と理科の問題をインターネット上で公開しています。
以下のアドレスまたはＱＲコードから問題にアクセス可能です。
アクセスする際にはログインパスワードが必要です。

https://t-moshi.jp/tokuten

ログインパスワード　1tvx4jm

問題はＰＤＦファイル形式で掲載しております。
ＰＤＦファイルが閲覧できる環境でアクセスしてください。

社会･理科の問題はそれぞれ３回分掲載し，問題集と同様に解答解説も公開しております。

社会も理科も他の教科と同様，中２までの学習範囲からかなりの割合で本番入試に出題されます。
やはり早めのスタートが肝心です。
５教科ともしっかり復習し，早めのスタートダッシュでライバルに差をつけましょう！

第Ⅰ期　実戦問題
（第1回問題～第3回問題）

(六) ――線部分(5)について、筆者は読み手に、どのような感覚を持ってほしいと考えているか。「さまざまな職業」「狩猟採集生活時代」という二つの語句を用いて、七十字以内で書きなさい。

も狩猟採集生活時代と同じように、みんなで共同作業をすることで生きているのだ。農家がいなければお米も野菜もない。物流や商店がなければ、買うことができない。医者がいなければ病気を治せない。学校の先生がいなければ教育ができない。今でも、みんなでともに生き、生かされて暮らしているのだが、それぞれに貨幣が介在《かいざい》しているので、共同という感覚がなくなる。便利なものには必ず負の面がある。(5)ちょっと立ち止まって考えてみた方がよい。

（長谷川眞理子《はせがわまりこ》「モノ申す人類学」より）

(一) 文章中の［A］・［B］に最もよく当てはまる言葉を、次のア～エから一つずつ選び、その符号を書きなさい。

ア　また　　イ　例えば
ウ　なぜなら　　エ　ところが

(二) ——線部分(1)について、「貨幣」の性質がよくわかるように、言い換えた部分を文章中から十五字で書き抜きなさい。

(三) ——線部分(2)の理由として最も適当なものを、次のア～エから一つ選び、その符号を書きなさい。

ア　貨幣の発明の前と後では、人間の脳と体が貨幣に対応すべく、大きく変貌《へんぼう》しているように思うから。
イ　貨幣の発明の前と後では、経済のあり方が変わり、その後ずっと混迷を極《きわ》めているように思うから。
ウ　貨幣の発明により、ヒトの生活のみならず、人生観や人間性まで変わってきているように思うから。
エ　貨幣の発明により、ヒトの動物的側面が強調され、無限の欲望に振り回されているように思うから。

(四) ——線部分(3)について「うまく対応できていない」と筆者がみなす根拠として、どんなことが挙げられているか。次の文の［①］・［②］に当てはまる言葉を文章中から［①］は六字、［②］は七字で、それぞれ書き抜きなさい。

> 新たな欲望のもと、［①］ことが目的化して限度がなくなり、ヒトが［②］を省略し、軽視する結果につながっていること。

(五) ——線部分(4)について、「そのこと」とは何を指しているか。「限度」「具体的」という二語を用いて、六十字以内で書きなさい。

〔四〕 次の文章を読んで、㈠〜㈥の問いに答えなさい。

ヒトは発明の天才だ。[A]、遠くへ行きたい、速く移動したい、楽に物を運びたいという欲求に対しては、車輪を発明し、家畜《かちく》を使うことから始まって、やがては自動車、大型船舶《せんぱく》、飛行機などを発明するに至った。ヒトは「AがあればBが起こる」ということを、単にAとBの連合として認識するばかりでなく、「AはBの原因ではないか」という、因果関係の推論ができる。そこで、自然界の現象の観察や、自ら行うさまざまな試行錯誤《さくご》の中で、「こうすればもっとよくなるだろう」という工夫を重ねていく。そこで、技術がどんどん進歩していく。

(1)貨幣《かへい》というものも、そうやって人間が発明したものだ。元々は、「Xを持っているがYは持っていない、かつ、Xは手放してもよいがYを欲しいと思っている人」と、「Yは持っているがXは持っていない、かつ、Yは手放してもよいがXを欲しいと思っている人」とが物々交換をしていたのだろう。しかし、そんなにうまく双方《そうほう》の欲望が合致《がっち》する相手に会うことは難しい。そこで、いくつかの段階を経て、どんなものとでも交換することのできる、抽象的《ちゅうしょうてき》な価値を持つ「貨幣」が発明された。

交換と交易の歴史は非常に古く、何万年も前までさかのぼれるようだが、貨幣経済は進化史的に言えばごく最近のことである。どんなものにも変えることができる抽象的な価値とは、とんでもない発明だと思う。以前、東大名誉《めいよ》教授の岩井克人《いわいかつひと》先生と話していた時、「貨幣の発明は言語の発明に次ぐすごい発明だ」とおっしゃっていた。その時は、そこまでのことはないだろうと軽く考えていたのだが、最近、(2)やはり岩井先生のおっしゃる通りではないかと思い始めた。

それは、貨幣というものが、確かに人間の生活を変え、世界を見る目を変え、欲望のあり方を変え、人生観を変え、結局のところ人間性を変えてきているように思うからだ。貨幣経済の真っただ中で暮らしている私たちにとって、貨幣は当たり前の存在だが、ヒトという動物にとって、こんなものの存在は決して当たり前ではなかった。そして、大量の砂糖や脂肪《しぼう》の存在に私たちの脳も体もうまく対応できていないのと同じく、(3)この貨幣という存在にも、実は私たちの脳はうまく対応できていないのではないだろうか？

ヒトが狩猟《しゅりょう》採集生活をしていた頃《ころ》、ヒトは自分たちの手で集められる食料を食べ、自分たちの手で作れる道具や衣服を使って暮らしていた。できることは限られていたし、望めることには限度があった。まさに等身大の生活である。それ以上の世界の可能性を知らなければ、欲望にも限りがあった。「欲しい物」というのは具体的な物であり、それを手に入れる方法は限られていた。そして、ヒトは(4)そのことを知っていた。

しかし、何にでも交換できる抽象的な価値が手に入るようになると、それ自体を得たいという新たな欲望が生まれる。「金の亡者《もうじゃ》」は、何か特定の物が欲しいから貨幣を得るのではない。ともかく貨幣をためることが何にもまして大事な目的なのだ。そこには限度がない。

[B]、何にでも交換できる抽象的な価値は、人間関係を買うことも、幸せな気分を買うこともできる。貨幣がない時には、人間関係を築いていなければできなかったことが、個別の人間関係抜きに手に入る。逆に、貨幣なしではほとんど何もできない。

そして、今では、貨幣を手に入れることは一つの職業につくことである。一つの職場で一つの仕事をし、その対価に貨幣をもらう。そうすると、ヒトは、自分が独立して生きていると思う。本当は、今で

㈤　作者は「賢い人」とは、どんな人だと述べているか。「賢い人とは」という書き出しで、「行動」という語を用いて、現代語で五十字以内で書きなさい。

〔三〕 次の古文を読んで、㈠〜㈤の問いに答えなさい。

もろこしには、＊秦始皇《しんしくわう》、＊泰山《たいざん》に行幸《みゆき》し給《たま》ふに《お出かけなさったとき》、A俄雨《にはかあめ》降り、五松の下に(1)立ち寄りて、雨を過ごし給へり《お過ごしになった》。Bこのゆゑに《このために》かの松に位を授《さづ》けて、五大夫《ごたいふ》といへり。＊五品《ごほん》を松爵《しようしやく》といふ、これなり。

(2)しかのみならず、(3)＊夏天《かてん》に道行く人、木陰に涼《すず》みて、衣《ころも》をかけ、あるいは馬に水飼《か》ふもの《水を飲ませる者》、銭を井《ゐ》に沈めて通りけり。

賢《かし》こき人は、心なき石木《いはき》までも《に対しても》、思ひ知るむね《受けた恩義に感謝していることを》をあらはすなり。

（「十訓抄《じつきんしよう》」より）

(注) 秦始皇＝秦の初代皇帝《こうてい》のこと。
泰山＝現在の中国山東省にある山。
五品＝五番目の位。
夏天＝夏の空。

㈠ 文章中の〰〰線A・Bの古語を現代かなづかいに直し、すべてひらがなで書きなさい。

㈡ ――線部(1)「立ち寄りて」とあるが、これは誰の行動か。最も適当なものを、次のア〜エから一つ選び、その符号を書きなさい。

ア もろこし　イ 秦始皇
ウ 五大夫　エ 松爵

㈢ ――線部(2)「しかのみならず」とあるが、この意味として最も適当なものを、次のア〜エから一つ選び、その符号を書きなさい。

ア これしかないのに
イ こればかりではなく
ウ これだけでは完成せず
エ これさえできれば

㈣ ――線部(3)について、どんな「お礼」をしたのか。次の文の［①］・［②］に当てはまる言葉を古文中からそれぞれ一語で書き抜《ぬ》きなさい。

木陰で涼んだ人は、そのお礼として、木に［①］をかけて、馬に水を飲ませた人は、そのお礼として、井戸《いど》に［②］を投げ入れた。

国　　語

〔一〕 次の㈠、㈡の問いに答えなさい。

㈠ 次の1～6について、——線をつけた漢字の部分の読みがなを書きなさい。

1 過渡期に混乱が生じる。
2 店を閉めて隠居する。
3 貧富の差が激しい。
4 揺《ゆ》るぎない志を持って行動する。
5 台風で家の屋根が傷む。
6 頑丈な机の下に荷物を置く。

㈡ 次の1～6について、——線をつけたカタカナの部分に当てはまる漢字を書きなさい。

1 会長への就任をコジする。
2 事のイサイを説明する。
3 野生のライオンをホゴする。
4 会は十人でコウセイされる。
5 全身を鏡にウツす。
6 人の失敗をセめる。

〔二〕 次の㈠、㈡の問いに答えなさい。

㈠ 次の①～③の□に当てはまる敬語を、あとのア～オから一つずつ選び、その符号《ふごう》を書きなさい。

① お客様がお菓子を□。
② みんなで校長先生のお話を□。
③ 先生が私の家に□。

ア いらっしゃる
イ なさる
ウ まいる
エ うかがう
オ めしあがる

㈡ 次の①～③が慣用句になるように、□に当てはまる言葉を、あとのア～オから一つずつ選び、その符号を書きなさい。

① 襟《えり》を□。
② 二の舞《まい》を□。
③ 涙《なみだ》を□。

ア 踏《ふ》む　　イ のむ　　ウ 折る
エ 正す　　オ 演じる

数　　学

〔**1**〕次の(1)～(10)の問いに答えなさい。

(1)　$-8+3\times 5$　を計算しなさい。

(2)　$4x\div\left(-\dfrac{1}{2}\right)$　を計算しなさい。

(3)　$(-6ab)^2\div 4a^2\times b^2$　を計算しなさい。

(4)　1次方程式　$-0.3x+0.5=0.6x-4$　を解きなさい。

(5)　連立方程式 $\begin{cases}5x+2y=7\\9x+4y=15\end{cases}$　を解きなさい。

(6)　84にできるだけ小さい自然数をかけて，ある自然数の2乗にするには，どんな数をかければよいか，答えなさい。

(7)　右の図のように，1辺の長さが3cmの正三角形のタイルを9個しきつめて，大きい正三角形をつくった。タイル㋐を6cm平行移動させて重ね合わせることができるタイルを，ア～クからすべて選び，その符号を書きなさい。

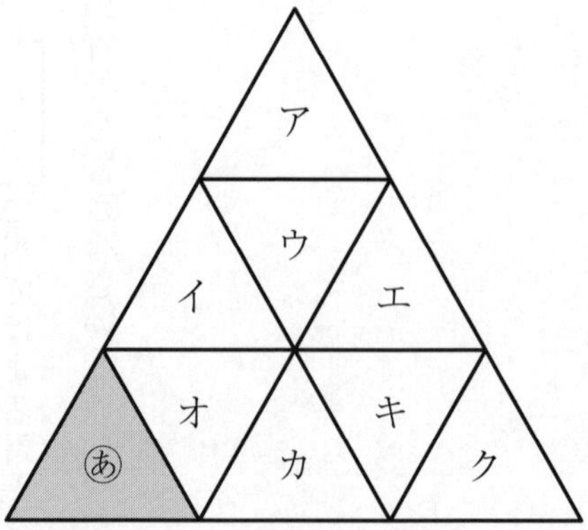

(8)　右の図で，$\ell /\!/ m$ であるとき，$\angle x$ の大きさを答えなさい。

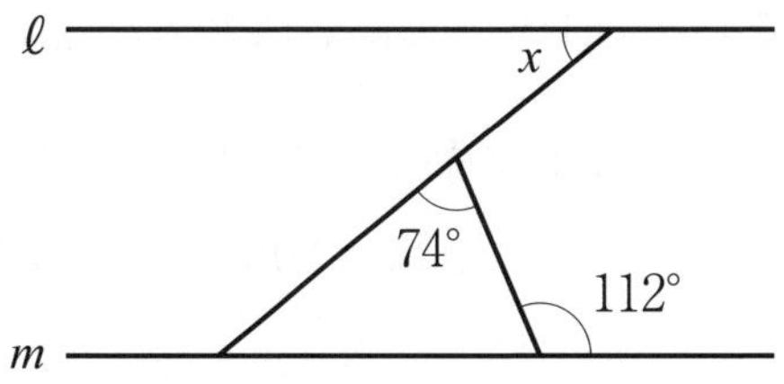

(9)　右の図のように，△ABCと△DEFがあり，AC＝DF，BC＝EF，∠ACB＝∠DFEである。このとき，△ABC≡△DEFであることを，次のように証明した。(証明)の中の□に当てはまることばを答えなさい。

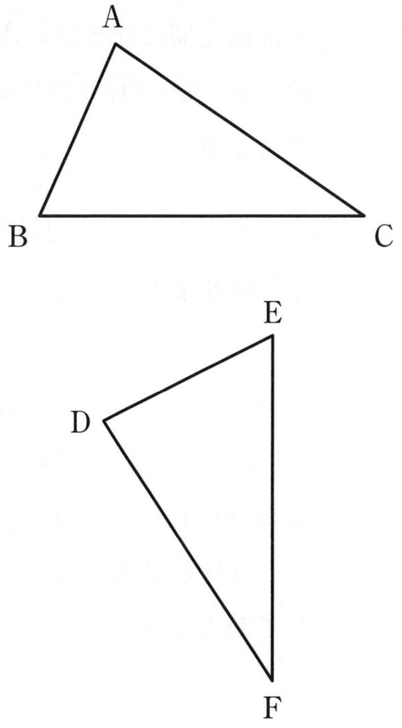

(説明)
△ABCと△DEFにおいて，
仮定より，　AC＝DF　……①
　　　　　　BC＝EF　……②
　　　　∠ACB＝∠DFE　……③
①，②，③より，□がそれぞれ等しいから，
△ABC≡△DEF

(10)　右の図のように，∠BAC＝∠CAD＝90°である三角すいABCDがある。三角すいABCDにおいて，辺と面が垂直である組合せを，次のア～エから一つ選び，その符号を書きなさい。

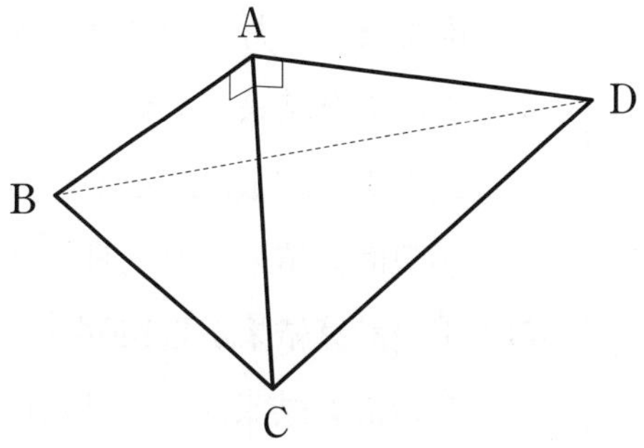

ア　辺ABと面ABC　　イ　辺ABと面ACD
ウ　辺ACと面ABD　　エ　辺ADと面ABC

〔2〕次の(1)~(4)の問いに答えなさい。

(1) x mの紙テープがある。この紙テープをy人の子どもに，1人7mずつ配ると8m足りず，1人5mずつ配ると20m余る。このとき，x，yの値を求めなさい。

(2) 1冊a円のノート2冊と，b円のシャープペンシルを1本買うのに，500円支払ったところ，おつりがあった。この数量の関係を不等式で表しなさい。ただし，消費税は考えないものとする。

(3) 右の表は，2年1組の生徒25人が受けた数学のテストの得点をまとめたものであり，一部は空欄になっている。このとき，次の①，②の問いに答えなさい。

階級(点)	度数(人)	相対度数	累積相対度数
以上　未満 55 ～ 65	3	0.12	0.12
65 ～ 75	6	□	□
75 ～ 85	9	□	ア
85 ～ 95	7	□	1.00
計	25	1.00	

① 表中の ア に当てはまる数を答えなさい。

② 階級値をもとに，得点の平均値を求めなさい。

(4) 右の図のような△ABCがある。辺AB上に点Pをとって，2点C，Pを結んだ線分が△ABCの面積を2等分するような線分CPを，定規とコンパスを用いて作図しなさい。ただし，作図は解答用紙に行い，作図に使った線は消さないで残しておくこと。

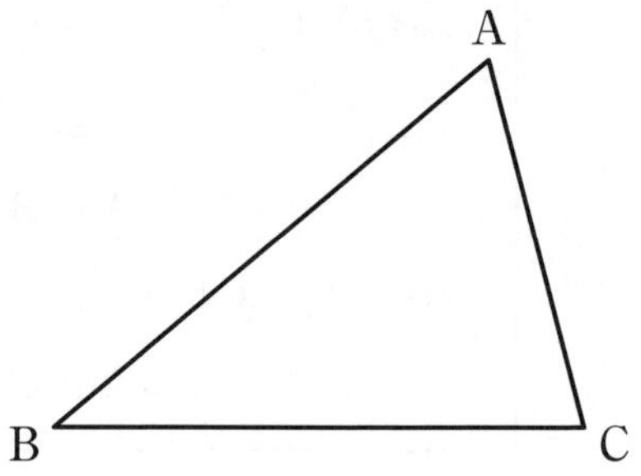

〔3〕AさんとBさんは，先生に「誕生日当てマジック」を教えてもらった。その手順は次のとおりである。

<手順>

① 誕生日の「月」の数字に5をかける。

② ①の計算結果に7をたす。

③ ②の計算結果に20をかける。

④ ③の計算結果に誕生日の「日」の数字をたす。

⑤ ④の計算結果から140をひく。

⑥ ⑤の計算結果が，3けたの数の場合は，百の位の数が誕生日の「月」，下2けたの数が誕生日の「日」を表し，4けたの数の場合は，上2けたの数が誕生日の「月」，下2けたの数が誕生日の「日」を表す。

2人は，それぞれ自分の誕生日で「誕生日当てマジック」を試したところ，手順⑤の計算結果が，Aさんは1107，Bさんは922となった。Aさんの誕生日は11月7日，Bさんの誕生日は9月22日なので，AさんとBさんの誕生日では「誕生日当てマジック」が成り立つことがわかった。次に，2人は，誕生日が何月何日でも「誕生日当てマジック」が成り立つことを，次のように説明した。（説明）の中の［　ア　］～［　エ　］に当てはまる式を，それぞれかっこを用いずに最も簡単な形で答えなさい。

> （説明）
> aを1以上12以下の整数，bを1以上31以下の整数とし，誕生日をa月b日とする。
> 手順①～⑤の計算結果を，それぞれかっこを用いずに最も簡単な形で表すと，
> ①の計算結果　……　$5a$
> ②の計算結果　……　［　ア　］
> ③の計算結果　……　［　イ　］
> ④の計算結果　……　［　ウ　］
> ⑤の計算結果　……　［　エ　］
> ［　エ　］が，3けたの数の場合は，aが百の位の数，bが下2けたの数を表し，4けたの数の場合は，aが上2けたの数，bが下2けたの数を表している。
> よって，⑤の計算結果が，3けたの数の場合は，百の位の数が誕生日の「月」，下2けたの数が誕生日の「日」を表し，4けたの数の場合は，上2けたの数が誕生日の「月」，下2けたの数が誕生日の「日」を表している。
> したがって，誕生日が何月何日でも「誕生日当てマジック」は成り立つ。

〔**4**〕右の図で，直線ℓは関数$y=\frac{1}{3}x-5$のグラフ，直線mは関数$y=-x+7$のグラフである。直線ℓと，y軸，直線mとの交点をそれぞれA，Bとする。また，座標が$(-2,\ 3)$である点Cを通りx軸に平行な直線と，直線m，y軸との交点をそれぞれD，Eとする。このとき，次の(1)～(3)の問いに答えなさい。

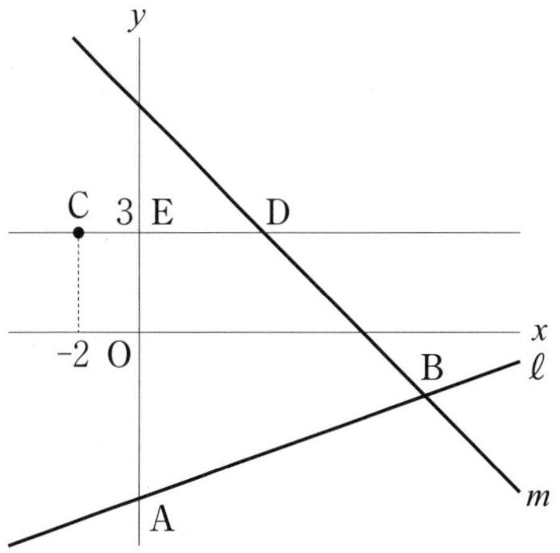

(1)　点Cを通りx軸に平行な直線の式を，次のア～エから一つ選び，その符号を書きなさい。

ア　$x=-2$　　イ　$x=3$　　ウ　$y=-2$
エ　$y=3$

(2)　点Bの座標を求めなさい。

(3)　四角形ABDEの面積を求めなさい。

〔5〕球，円柱，円すいの３種類の立体について，次の(1)～(3)の問いに答えなさい。ただし，円周率はπとする。

(1) 半径６cmの球の表面積を求めなさい。

(2) 右の図１は，円柱の投影図で，立面図は長方形でＡＢ＝５cmであり，平面図は半径６cmの円である。この円柱の体積を求めなさい。

図1

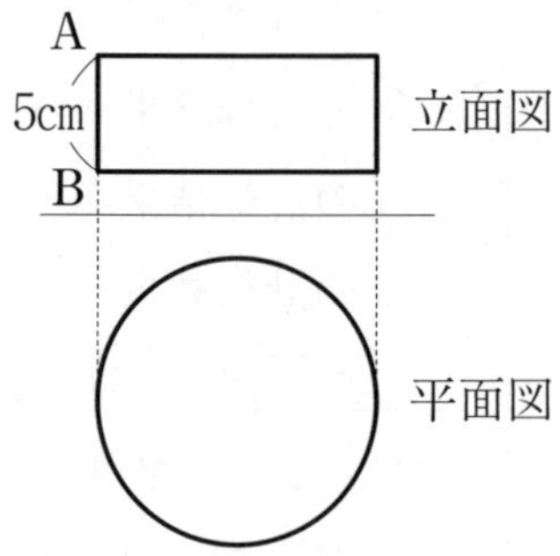

(3) 右の図２は，円すいの投影図で，立面図は二等辺三角形であり，平面図は半径６cmの円である。また，この円すいの展開図で，側面になるおうぎ形の中心角は108°である。このとき，立面図の二等辺三角形の周の長さを求めなさい。

図2

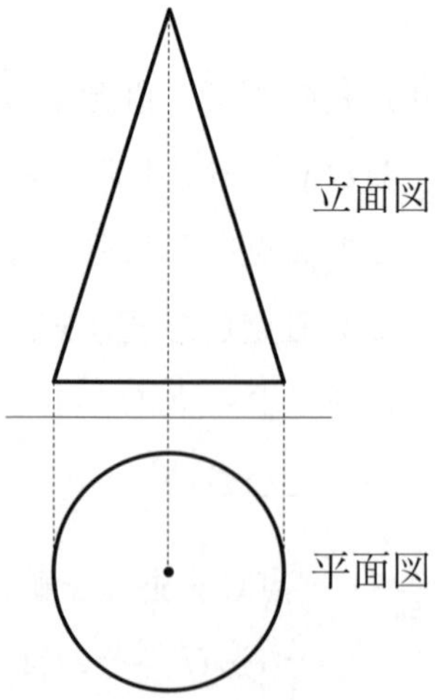

〔6〕下の図1のように，ＡＢ＝ＢＣ＝6㎝，ＡＦ＝ＣＤ＝2㎝の図形ＡＢＣＤＥＦと，1辺の長さが6㎝の正方形ＧＨＩＪが直線ℓ上に並んでいて，点Ｃと点Ｈは重なっている。図形ＡＢＣＤＥＦを，図1の状態から直線ℓに沿って，下の図2のように，矢印の向きに動かす。2点Ｈ，Ｃの距離をx㎝としたとき，図形ＡＢＣＤＥＦと正方形ＧＨＩＪが重なった部分の面積をy㎠とする。このとき，次の(1)～(3)の問いに答えなさい。ただし，点Ｃと点Ｈが重なっているとき，点Ｂと点Ｉが重なっているときは$y=0$とする。

図1

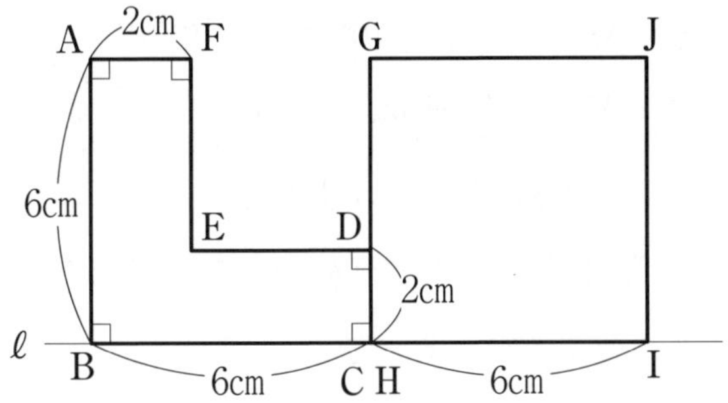

図2

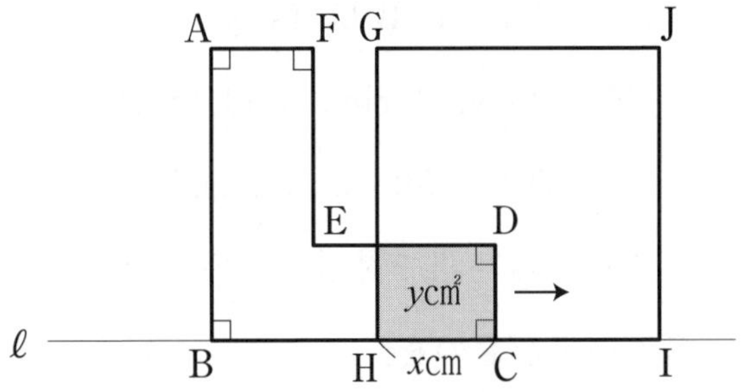

(1) 次の①，②について，yの値を求めなさい。

① $x=3$ のとき

② $x=7$ のとき

(2) 下の表は，$0 \leqq x \leqq 12$のとき，xとyの関係を式に表したものである。［ア］～［エ］に当てはまる数またはxを用いた式を，それぞれ答えなさい。

xの変域	式
$0 \leqq x \leqq 4$	$y=$［ア］
$4 \leqq x \leqq 6$	$y=6x-16$
$6 \leqq x \leqq$［イ］	$y=$［ウ］
［イ］$\leqq x \leqq 12$	$y=$［エ］

(3) 2点Ｈ，Ｃの距離がt㎝のときの図形ＡＢＣＤＥＦと正方形ＧＨＩＪが重なった部分の面積と，2点Ｈ，Ｃの距離が$(t+2)$㎝のときの図形ＡＢＣＤＥＦと正方形ＧＨＩＪが重なった部分の面積が等しくなるとき，tの値を求めなさい。ただし，$0 \leqq t \leqq 10$とする。

英　　語

〔1〕 放送を聞いて，次の(1)，(2)の問いに答えなさい。

(1) これから英文を読み，それについての質問をします。それぞれの質問に対する答えとして最も適当なものを，次のア～エから一つずつ選び，その符号を答えなさい。

1 ア He opened the door.　イ He carried books.
　ウ He read books.　エ He didn't do anything.

2 ア Yes. She runs every day.　イ Yes. She ran on Saturday.
　ウ No. She didn't run on Saturday.　エ No. She ran on Thursday.

3 ア Yes. He can get there before nine.　イ Yes. He got there at nine.
　ウ No. He'll be late.　エ No. He got up early today.

4 ア Mary, Sarina, and Yuki.　イ Mary, Sarina, and Koji.
　ウ Yuki and her uncle.　エ Mary, Yuki, and Koji.

(2) これから英語で対話を行い，それについての質問をします。それぞれの質問に対する答えとして最も適当なものを，次のア～エから一つずつ選び，その符号を答えなさい。

1 ア

イ

ウ
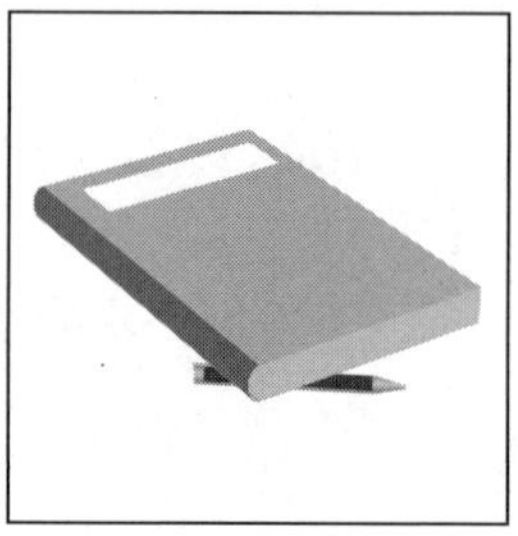
エ

2 ア He was at home.　イ He went to the zoo with Emma.
　ウ He didn't have a good time.　エ He saw koalas and gorillas.

3 ア Because she helps her mother every Sunday.
　イ Because she goes to see her grandmother every Sunday.
　ウ Because her grandmother comes to see her every Sunday.
　エ Because she is going to have a Christmas party on that day.

4 ア On Saturday.　イ On Sunday.
　ウ On Monday.　エ On Tuesday.

〔2〕 ビル(Bill)とナナ(Nana)が話しています。この対話文を読んで，あとの(1)～(8)の問いに答えなさい。

Bill: Hello, Nana. ① How was your winter vacation?

Nana: It was great, Bill. I stayed at my uncle's house in Tokyo.

Bill: Oh, your uncle lives in Tokyo. I'll also go there next month. ②

Nana: My father had *work there last Wednesday. I went there with him by car that day.

Bill: Then, did your father also visit your uncle's family and stay at their house that day?

Nana: Yes. But my father *left there the next day. He needed to go back to Niigata for his work.

Bill: Then how long did you stay there ③ after that?

Nana: I stayed there for three days. ④ I enjoyed my stay with my uncle's family.

Bill: Good. Did you visit any interesting places during your stay?

Nana: Yes! Last Friday, I went to a famous *temple in Asakusa by bus with Maki. She's my uncle's daughter. We saw many *foreign people there.

Bill: Oh, I saw the temple on TV last Tuesday. ⑤ It's *popular among foreign people, and ⑥ restaurants, are, there, near, many the temple, too.

Nana: Yes. We enjoyed lunch at one of them. Then, a man came to us and asked the *way to the station in English. ⑦ the station, to, the way, Maki, him, showed .

Bill: She's kind. I'll also visit the temple next month. Do you know any other interesting places in Tokyo?

Nana: I'll ask Maki about them. She works at the *airport. So she often gives ⑧ the *information about them to foreign people there.

Bill: Oh, I'll visit Tokyo by plane next month.

Nana: OK. I'll tell her *workplace to you.

(注) work 仕事　left leaveの過去形　temple 寺　foreign 外国(人)の
popular among ～ ～の間で人気がある　way 道　airport 空港
information 情報　workplace 職場

(1) 下線部分①の内容に最も近いものを，次のア～エから一つ選び，その符号を書きなさい。

ア Did you have your winter vacation?

イ Did you enjoy your winter vacation?

ウ How long was your winter vacation?

エ Where did you go during your winter vacation?

(2) 文中の②の［　　　］の中に入る最も適当なものを，次のア～エから一つ選び，その符号を書きなさい。

ア When did you go there?　　イ What did you do there?

ウ Where did you stay there?　　エ Can I stay at your uncle's house?

(3) 下線部分③の内容を次のように表すとき，(　　　)の中に入る適当な日本語を書きなさい。

ナナの父親が(　　　　　　　　)あと

(4) 次の文が下線部分④とほぼ同じ内容になるように，(　　　)に適当な語を1語書きなさい。

I enjoyed (　　　) with my uncle's family.

(5) 下線部分⑤の内容を表す本文中の連続する**5語**を抜き出して書きなさい。

(6) 文中の⑥，⑦の［　　　］の中の語(句)を，それぞれ正しい順序に並べ替えて書きなさい。

(7) 下線部分⑧の内容を次のように表すとき，(　　　)の中に入る適当な日本語を書きなさい。

(　　　　)についての情報

(8) 本文の内容に合っているものを，次のア～エから一つ選び，その符号を書きなさい。

ア Bill will go to Tokyo with Nana next month.

イ Nana went to Tokyo with her father by plane.

ウ Nana's father left Tokyo for his work on Wednesday.

エ Maki often sees foreign people at her workplace.

〔3〕 次の(1)～(3)の日本文を英文に直しなさい。ただし，(　　　)内の指示に従うこと。

(1) あなたは日本は美しい国だと思いますか。

(2) 金曜日はここで野球をしてはいけません。(Youで始めて)

(3) 私が子どもだったとき，牛乳が好きではありませんでした。(Iで始めて)

〔4〕 次の英文はある博物館での訪問者への案内です。これを読んで，あとの(1)～(10)の問いに答えなさい。

*Welcome to our city museum. We are going to tell you about this museum.

On May 1st, 2001, our city *became one hundred years old. On that day, we (①) this museum and *celebrated the city's birthday. It was the first museum in our city. In 2021, this museum will be twenty years old. We have a lot of *collection about our city. We show almost *half of these things now to *visitors. We will show (②) things during special weeks in May every year. [A]

On the first *floor, you can see many things about the (ⓐ) of our city. You can see a very old house. It is about two hundred years old. We *moved all the *parts of the house to this museum from a *local *village. You can see ③old clothes and some other things at that time in it, too. [B]

On the second floor, we show things about (ⓑ) in our city. Our city has a very beautiful river, and many *plants and animals live around it. [C] You can also watch a movie, and learn about *wild plants and animals in the mountains of our city.

This museum has a *fast-food restaurant and some shops. They are on the third floor. You can have ④some food and enjoy shopping. [D]

We have a new *observatory on the (⑤) floor. You can enjoy a great *view of the *nature. The observatory has a Japanese restaurant. You can have our local food there.

Please enjoy our museum. Thank you for ⑥[listen].

㊟ Welcome to ～. ～へようこそ。 became becomeの過去形 celebrate 祝う
collection 収蔵物 half 半分 visitor 来館者 floor （建物の）階 move 移動させる
part 部分 local 地元の village 村 plant 植物 wild 野生の
fast-food ファストフードの observatory 展望台 view ながめ nature 自然

第1回

(1) 文中の①の(　　　)の中に入る最も適当な語(1語)を書きなさい。

(2) 次の英文は，文中のA～Dの[　　　]のどこに入れるのが最も適当か。当てはまる符号を書きなさい。

You can see many pictures of them.

(3) 文中の②の(　　　)の中に入る最も適当な語を，次のア～エから一つ選び，その符号を書きなさい。

ア little　　イ every　　ウ other　　エ another

(4) 文中のⓐ，ⓑの(　　　)の中に入る適当な語の組み合わせを，次のア～エから一つ選び，その符号を書きなさい。

ア ⓐ history　ⓑ animals　　イ ⓐ name　ⓑ nature

ウ ⓐ nature　ⓑ history　　エ ⓐ history　ⓑ nature

(5) 下線部分③の内容を次のように表すとき，(　　　)の中に入る適当な日本語を書きなさい。

約(　　　　)の古い衣類やそのほかのもの

(6) 下線部分④の内容を次のように表すとき，(　　　)に適当な語を1語ずつ書きなさい。

something (ⓐ) (ⓑ)

(7) 文中の⑤の(　　　)の中に入る最も適当な語を，次のア～エから一つ選び，その符号を書きなさい。

ア top　　イ first　　ウ old　　エ four

(8) 文中の⑥の[　　　]の中の語を，最も適当な形(1語)に直して書きなさい。

(9) 次の文が本文の内容に合うように，(　　　)に適当な語を1語ずつ書きなさい。

(ⓐ) weren't (ⓑ) museums in this city before 2001.

(10) 次の問いに対する答えを，主語を含む3語以上の英語で書きなさい。ただし，数字も英語のつづりで書くこと。

How old will this city be on May 1st, 2021?

第１回　実戦問題　国語

区分コード・受験番号(右よせ)・氏名を正確に記入しなさい。

区分コード	受験番号	氏名	得点

〔一〕

㈠
1 過渡期
2 隠居
3 貧富
4 志
5 傷む
6 頑丈

㈡
1 コジ
2 イサイ
3 ホゴ
4 コウセイ
5 ウツす
6 セめる

〔二〕

㈠ ① ② ③

㈡ ① ② ③

〔三〕

㈠ A B

㈡

㈢

㈣ ① ②

㈤ 50

〔四〕

㈠ A B

㈡ 15

㈢

㈣ ① 6 ② 7

㈤ 60

㈥ 70

第1回 実戦問題 数学

区分コード・受験番号(右よせ)・氏名を正確に記入しなさい。

区分コード	受験番号	氏名	得点

〔1〕

(1)		(2)		(3)	
(4)	$x=$	(5)	$x=$ 　　$,y=$	(6)	
(7)		(8)	$\angle x=$ 　　度		
(9)				(10)	

〔2〕

(1)		答 $x=$ 　　$,y=$
(2)		答
(3)	①	答
	②	答 　　点

(4)

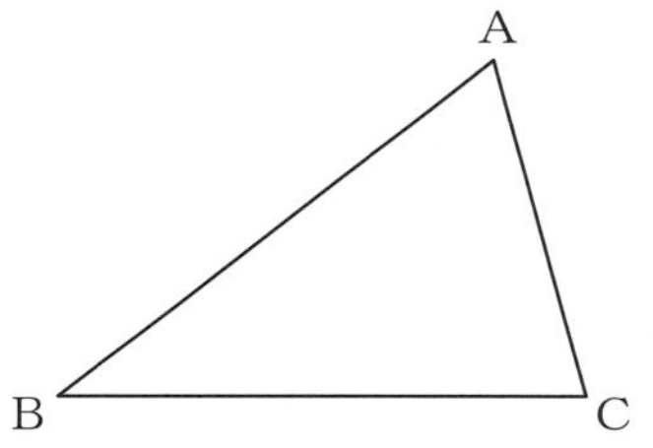

〔3〕

ア	答
イ	答
ウ	答
エ	答

〔4〕

(1)	答
(2)	答 (　　, 　　)
(3)	答

〔5〕

(1)	答 　　cm^2
(2)	答 　　cm^3
(3)	答 　　cm

〔6〕

(1)	①	答 $y=$
	②	答 $y=$
(2)	ア	答
	イ	答
	ウ	答
	エ	答
(3)		答 $t=$

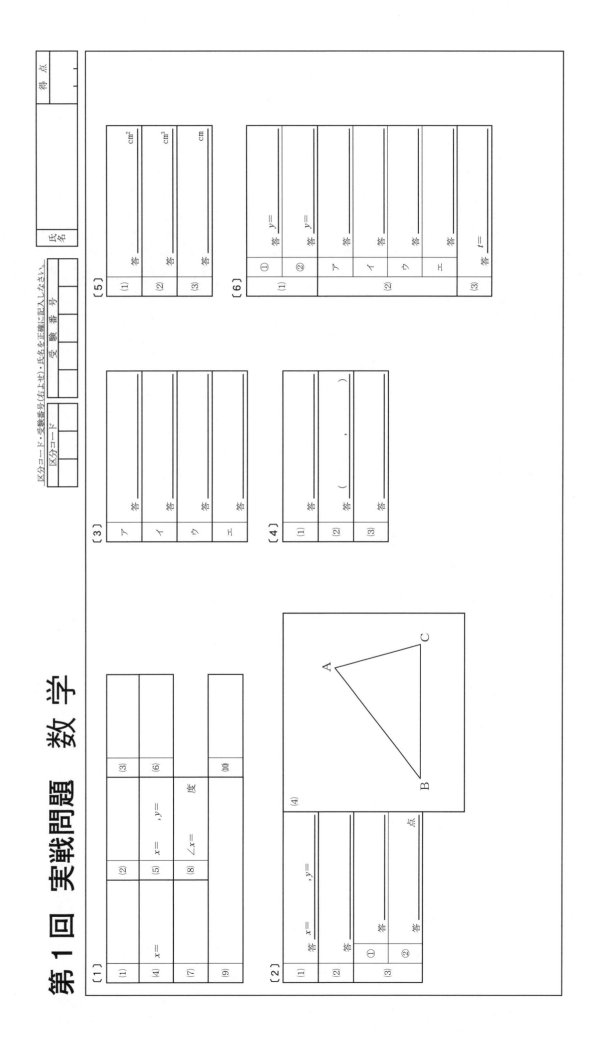

第1回 実戦問題 英語

区分コード・受験番号(右よせ)・氏名を正確に記入しなさい。

区分コード			受験番号				

氏名		得点

〔1〕

(1)	1		2	
	3		4	
(2)	1		2	
	3		4	

〔2〕

(1)		
(2)		
(3)		
(4)		
(5)		
(6)	⑥	
	⑦	
(7)		
(8)		

〔3〕

(1)	
(2)	
(3)	

〔4〕

(1)				
(2)				
(3)				
(4)				
(5)				
(6)	ⓐ		ⓑ	
(7)				
(8)				
(9)	ⓐ		ⓑ	
(10)				

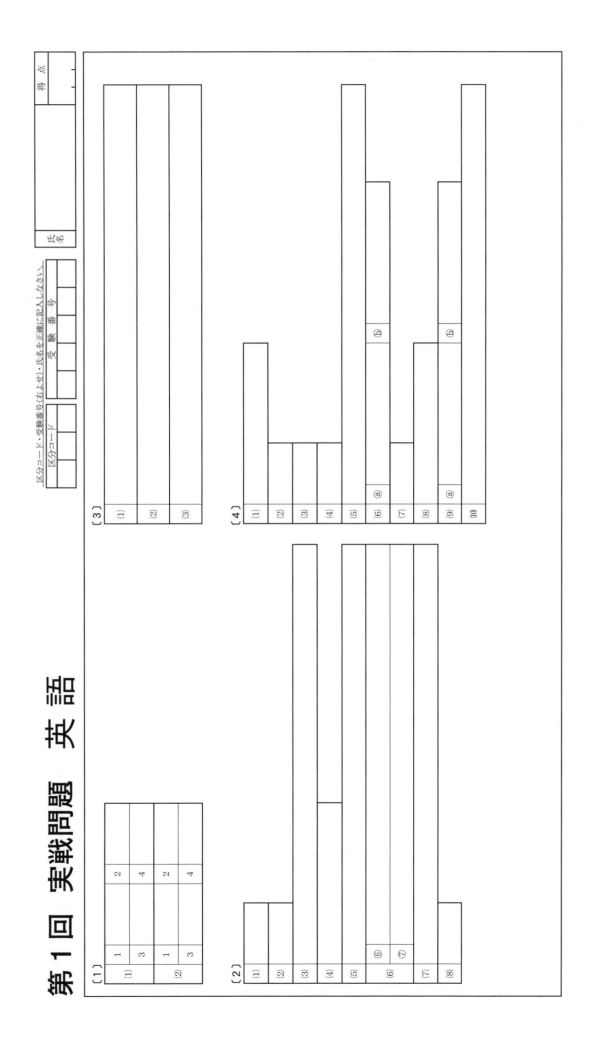

(五)　――線部分(4)について、これはどのようなことを表しているのか。最も適当なものを、次のア～エから一つ選び、記号で答えなさい。

ア　現代の私たちが、前近代的な身分制度は個人を抑圧して、それぞれの希望を諦めさせた理不尽なものとして捉えて、もっと自由で格差のない宿命的な人生観の構築を実現していること。

イ　現代の私たちが、努力のあり方に対して前近代とは全く違った捉え方をしていて、個々人の間にある分断壁を壊《こわ》しながら、立て続けに新たなスタイルで人間関係を構築していること。

ウ　現代の私たちが、前近代的な身分制度の格差に匹敵《ひってき》する社会環境の格差に直面しながら、生得属性である素質や才能を伸ばすため、社会制度の設計という枠《わく》組みにとらわれないこと。

エ　現代の私たちが、個人の素質や才能の格差というものに理不尽さを感じず、生得的属性によって決まる自明の現実として受け止め、努力次第で変わるものであるとは思わないこと。

(六)　――線部分(5)について、「このこと」が指している内容を、文章中の言葉を用いて、三十字以内で書きなさい。

(七)　――線部分(6)について、筆者は、何がどのような点で「ピアニストの例」と「同じ」だと述べているのか。「生得的」「社会化」「自己選択」という三語を用いて、九十字以内で書きなさい。

になければ、その才能に目覚めることは難しかったはずです。その点から見れば、それらの素質や才能もけっして生得的属性とはいいきれません。もちろん、生まれ落ちる環境を自分では選べませんから、その点については個人にとっての宿命であり、生得的属性であるかのように感じられます。しかしその環境も、*社会制度の設計いかんでいかようにも変えていけるものです。そう考えれば、社会的に見るとそれも宿命などではありません。

(5)このことは、現在の若者たちに見られる人間関係のマネジメント力の高さにも当てはまります。それは、彼らに生まれ備わった能力というよりも、むしろこの高原地帯を歩むなかで育まれてきたものです。生得的な素質などではなく、*社会化による産物なのです。もちろん、彼らがこの時代に生まれ落ちたのは、自己選択の結果ではありません。したがって、その部分については宿命論が成り立つようにも見えます。しかし、(6)ここでもピアニストの例と同じことがいえます。この高原期の社会をどのようなかたちにしていくかは、まさに私たちの自由選択に託《たく》されているからです。社会的に見れば、それもまた環境の産物なのです。

（土井《どい》隆義《たかよし》「『宿命』を生きる若者たち」より）

(注) 高原期＝経済成長率が右肩上がりに伸びていた時代と違い、経済がほぼ平坦に維持《いじ》をしている時期。
生得的＝性質や能力などが生まれながらに備わっている様子。
社会制度＝構成者の自由・権利・責任・義務などを定めていて、様々な制限と保障を与《あた》えているもの。
社会化＝人が成長に伴って、社会が容認する行動様式などを身につけることで、その社会への適応を学んでいくこと。

(一) ――線部分(1)について、「そのピース」とは、どのようなことを表しているか。次の文の［①］～［③］に当てはまる言葉を文章中から二字ずつで、それぞれ書き抜きなさい。

ある問題を［①］する際に、［②］に不足している［③］のこと。

(二) 文章中の［A］・［B］に最もよく当てはまる言葉を、次のア～オから一つずつ選び、その符号を書きなさい。

ア　しかし　イ　たとえば　ウ　そして
エ　あるいは　オ　なぜなら

(三) ――線部分(2)について、筆者がこう述べているのは、筆者が努力に関してどのような考え方をしているからか。その考え方の内容を、「努力とは、」に続けて、「不足」「他者」という二語を用いて、六十五字以内で書きなさい。

(四) ――線部分(3)について、これと同じような意味で用いられている言葉を文章中から八字で抜き出しなさい。

〔四〕 次の文章を読んで、㈠〜㈦の問いに答えなさい。

ある問題に直面したとき、自分自身の能力でその解決が不可能なら、その能力に長《た》けた人をインターネットで探してきて事態に対処する。自分に足りないピースがあったとき、わざわざ時間と手間をかけてそのピースを自分で作り出すよりは、(1)そのピースを外部から探してきてさっと手早く埋《う》め合わせてしまう。現在の若者たちは、そんな能力に長けています。[A]、社会が平坦《へいたん》化している現在だからこそ、このような人的交流も可能になっているのだとすれば、それはまさに*高原期の時代にふさわしい努力のかたちともいえます。

そもそも努力とは何でしょうか。昨今の若者たちが考えるように、努力できるか否《いな》かも*生得的な属性の一部なのでしょうか。生まれついた資質や才能に差があることを否定はしませんが、しかし本来は、その能力の足りない部分を補う営みこそ、努力という言葉の意味するところだったはずです。だとすれば、個人の能力不足を自己完結的に補うのではなく、他者とのつながりによって補おうとする営みも、また努力の一つのかたちといえるのかもしれません。このように考え方を改めてみると、そして(2)現在の若者たちのふるまい方を見てみれば、けっして努力への信頼感が失われているわけではないのかもしれません。

（中略）

現在の若者たちは、シェアの時代ともいわれます。[B]、クルマが必要になったらお金を稼《かせ》いで買うのではなく、いま使っていない人から借りればよいと考えます。もちろん、ギブ&テイクですから、いま自分に使う必要のないものは、逆に誰かに貸してあげればよいと考えます。そうやって世界を広げ、分断壁を軽々と乗り越えていける力を持っているのも現在の若者たちです。彼らは、自分の能力不足に(3)自身の内部を改良することで対応するのではなく、人間関係を新たに構築することで対応することのできる世代なのです。

今日のように流動性の増した社会で、一つのものごとに対してあまりにも強くこだわりすぎると、せっかく新しいチャンスが到来《とうらい》しているかもしれないときに、その兆《きざ》しを見逃《のが》してしまうこともありえます。インターネットを活用し、全世界から絶えず新しい情報を摂取《せっしゅ》している若者たちは、そのリスクをよく心得ています。そのため、なにか特定のことに没頭することは、むしろ積極的に回避《ひ》しようとします。だとすれば、ひたすら一つのことに集中することではなく、もっと臨機応変に人間関係を構築していけるように工夫を重ねることこそ、今日の努力のあり方なのだと考えを改めねばならないのかもしれません。それが、高原期の社会に見合った努力のかたちなのかもしれません。

このように既成《きせい》の概念を疑ってみることの意義は、宿命論的人生観についても同様に当てはまるものです。今日のそれが前近代的なそれと根本的に異なっているのは、理不尽《りふじん》な身分制度によって抑圧《よくあつ》され、やむなく希望を諦《あきら》めているわけではないという点にあります。しかし、前近代的な身分制度を理不尽だと考えるのは、そもそも私たちが近代人だからです。その時代を生きた人びとにはそれこそが自明の現実であって、たとえば農民も努力次《し》第で武士になれるなどとは夢にも思わなかったはずです。そして、(4)現在の時代精神の落とし穴もじつはここにあります。

今日、生まれ持っていると考えられている素質や才能の多くも、じつは与えられた社会環境のなかで、かつての身分制度と同じくらい格差をともないながら、再生産されてきたものです。たとえば、いくら天才的なピアニストであろうと、そもそも日常的にピアノに触れさせてくれ、定期的にレッスンに通わせてくれるような恵《めぐ》まれた成育環境

(五) ——線部分(3)について、次のⅠ、Ⅱの問いに答えなさい。

Ⅰ 「優なる心」とは、どのような意味か。次の□に当てはまる言葉として最も適当なものを、あとのア～エから一つ選び、その符号を書きなさい。

□を解する心

ア 能力　イ 本質
ウ 愛情　エ 風流

Ⅱ 筆者が——線部分(3)のように述べているのはなぜか。その理由を、「博雅の三位の家に入った盗人は、」に続けて、「音色」「品物」という二語を用いて、現代語で六十字以内で書きなさい。

〔三〕　次の古文を読んで、㈠～㈤の問いに答えなさい。

*博雅《はくが》の三位《さんみ》の家に盗人《ぬすびと》入りたりけり。*三品《さんぼん》、板敷《いたじき》のしたに逃げかくれにけり。盗人帰り、さて後《その後》、Aはひ出《い》でて家中を見るaに、のこりたる物なく、みなとりてけり《すべて盗み出してしまっていた》。*ひちりき一つを*置物厨子《おきものづし》にbのこしたりけるを、三位とりてふかれたりけるを《お吹きになっていたのを》、出でてcさりぬる盗人はるかにこれをd聞きて、感情Bおさへがたくして(1)帰りきたりてC云《い》ふやう《語るには》、「只今《ただいま》の御《おん》ひちりきの音《ね》をうけたまはるに、あはれに《お聞きすると、趣深く》Dたふとく候《さうら》ひて、(2)悪心みなあらたまりぬ。とる所の物どもことごとくに返したてまつるべし《お返しいたしましょう》」といひて、みな置きて出でにけり。むかしの盗人は、(3)またかく優《いう》なる心もありけり。

（「古今著聞集《ここんちょもんじゅう》」より）

㈲
博雅の三位＝平安中期の公卿《くぎょう》　源《みなもとの》　博雅《ひろまさ》の異称。醍醐《だいご》天皇の孫であり、雅楽家。
三品＝三位と同義で、位階の第三位という親王の位。
ひちりき＝雅楽用のたて笛。
置物厨子＝物を載せ置くための戸棚《だな》。脚《あし》と両開きの扉《とびら》がついており、多くは部屋の隅《すみ》に据《す》え置かれた。

㈠　文章中の――線部分A～Dの古語を現代かなづかいに直し、すべてひらがなで書きなさい。

㈡　文章中の～～線部分a～dの中で、他と主語が異なるものを一つ選び、その符号を書きなさい。

㈢　――線部分(1)「帰りきたりて」とあるが、誰がどこに帰ってきたのか。次の文の［①］・［②］に当てはまる言葉を古文中からそれぞれ一語で書き抜きなさい。

［①］が［②］の家に帰ってきた。

㈣　――線部分(2)「悪心みなあらたまりぬ」とあるが、この意味として最も適当なものを、次のア～エから一つ選び、その符号を書きなさい。

ア　みんなが、己《おのれ》の悪い心を消そうとしています
イ　あなたの悪い心全てが、なくなりました
ウ　私の悪い心が、すっかり改まりました
エ　悪い心というものはみな、変化しません

国　　語

〔一〕　次の㈠、㈡の問いに答えなさい。

㈠　次の1～6について、――線をつけた漢字の部分の読みがなを書きなさい。

1　財政状況は依然として厳しい。
2　輸送車から一億円が強奪された。
3　寸暇を惜しんで練習をする。
4　上品な味と香りの玉露は日本茶の一種です。
5　久しぶりに恐ろしい夢を見た。
6　鮮やかな包丁さばきで魚をさばいていく。

㈡　次の1～6について、――線をつけたカタカナの部分に当てはまる漢字を書きなさい。

1　新潟港に新しいフェリーがシュウコウする。
2　ソウゲイサービスで目的地まで向かう。
3　要人の身辺をケイゴする。
4　家族のために一生ケンメイに取り組んだ。
5　法廷《ほうてい》で被告人をサバく。
6　布地を赤くソめてみる。

〔二〕　次の㈠、㈡の問いに答えなさい。

㈠　次の①～③の――線部分の動詞の活用の種類と同じ活用をする動詞を、あとのア～オから一つずつ選び、その符号《ふごう》を書きなさい。

①　ぼくは毎日六時に起きます。
②　プールで五十メートル泳ぎました。
③　先生から許可が出たので、実行に移す。

ア　来る　　イ　持つ　　ウ　見る
エ　伝える　　オ　勉強する

㈡　次の①～③の□に当てはまる故事成語を、あとのア～オから一つずつ選び、その符号を書きなさい。

①　彼の走りは、スタートは良かったが、後半はスピードが急速に落ちてしまって、□に終わった。
②　第一志望校しか受験しないという状況なので、まさに□といえる。
③　チームメイトのエラーは□として、自分の技術の向上につなげたい。

ア　四面楚歌《そか》　　イ　呉越《ごえつ》同舟　　ウ　他山の石
エ　背水の陣　　オ　竜頭《りゅうとう》蛇尾《だび》

数　学

〔1〕次の(1)〜(8)の問いに答えなさい。

(1)　$-13+9$　を計算しなさい。

(2)　$2(x-7)-5(x-3)$　を計算しなさい。

(3)　$(4ab)^2 \div 2a^2 \div (-b)$　を計算しなさい。

(4)　比例式　$2x:(x+6)=6:5$　を解きなさい。

(5)　連立方程式 $\begin{cases} 2x-3y=-8 \\ x=5y+3 \end{cases}$　を解きなさい。

(6)　空間内にある3つの異なる直線ℓ，m，nと，2つの異なる平面P，Qについて述べた文として正しいものを，次のア～エから1つ選び，その符号を書きなさい。

ア　$\ell \perp m$，$\ell \perp n$のとき，$m \parallel n$ である。

イ　$\ell \parallel \mathrm{P}$，$\ell \parallel \mathrm{Q}$のとき，$\mathrm{P} \parallel \mathrm{Q}$ である。

ウ　$\ell \perp \mathrm{P}$，$\ell \perp \mathrm{Q}$のとき，$\mathrm{P} \parallel \mathrm{Q}$ である。

エ　$\ell \perp \mathrm{P}$，$m \perp \mathrm{P}$のとき，$\ell \perp m$ である。

(7)　右の図の五角形ABCDEで，$\angle x$の大きさを答えなさい。

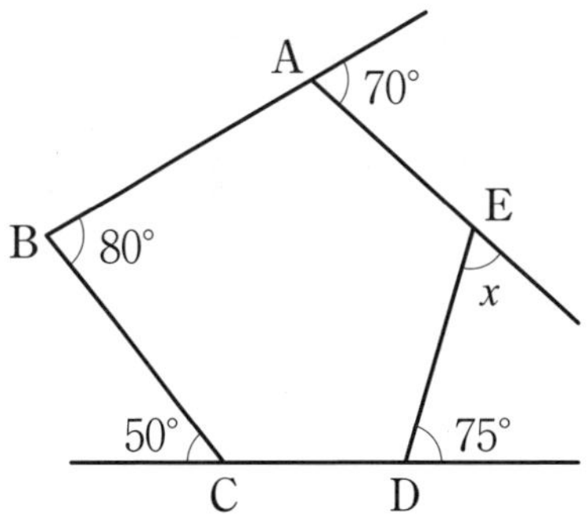

(8)　nを整数とするとき，いつでも3の倍数になる式を，次のア～オから2つ選び，その符号を書きなさい。

ア　$n+2$　　イ　$n+3$　　ウ　$2n+1$　　エ　$3n$　　オ　$9n+15$

〔**2**〕次の(1)~(4)の問いに答えなさい。

(1)　ある中学校の２年生の生徒数は，男子がx人，女子がy人で，合わせて155人である。そのうち，男子の20%と女子の40%が自転車で通学していて，自転車で通学している生徒は合わせて47人である。このとき，x，yの値を求めなさい。

(2)　右の図で，直線ℓは関数$y = -3x$のグラフ，曲線mは関数$y = \frac{a}{x}$のグラフである。点Aは，直線ℓと曲線mの交点で，そのx座標は２である。また，点Bの座標は（4，7）である。このとき，次の①，②の問いに答えなさい。

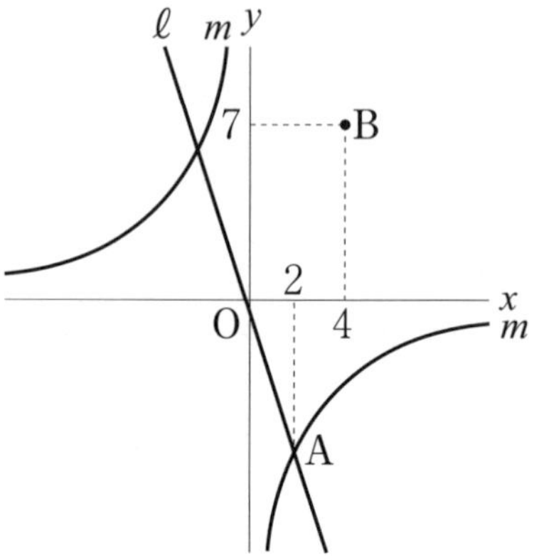

①　aの値を求めなさい。

②　点Bを通り，直線ℓに平行な直線の式を求めなさい。

(3)　右の図は，ある養鶏場《ようけいじょう》でとれた卵から30個を取り出して重さを１個ずつはかり，その記録を，50 g以上52 g未満を階級の１つとするヒストグラムに表したものである。このヒストグラムからわかることとして正しいものを，次のア～オから２つ選び，その符号を書きなさい。

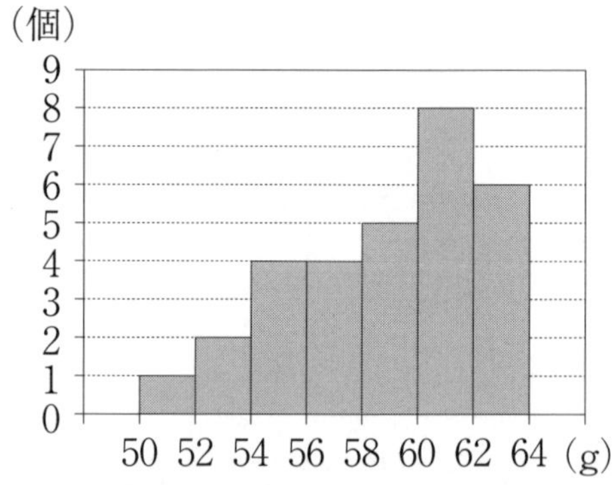

ア　階級の幅は，2 gである。

イ　最も軽い卵の重さは，50 gである。

ウ　最頻値は，８個である。

エ　中央値は，60 g以上62 g未満の階級に入っている。

オ　58 g以上60 g未満の階級の相対度数を，小数第２位まで求めると，0.17である。

(4)　右の図のように，２つの直線ℓ，mがあり，直線ℓ上に点Aがある。直線m上にあり，$\ell \perp AP$となる点Pを，定規とコンパスを用いて作図しなさい。ただし，作図は解答用紙に行い，作図に使った線は消さないで残しておくこと。

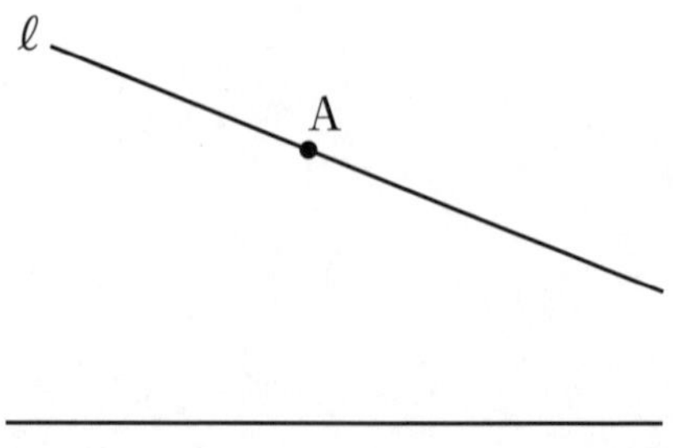

〔**3**〕右の図のように，長方形ＡＢＣＤを，対角線ＢＤを折り目として折り返したとき，頂点Ｃが移った点をＥとする。また，辺ＡＤと線分ＢＥの交点をＦとする。

このとき，△ＡＢＦ≡△ＥＤＦであることを，次のように証明した。(証明）の中の［ア］～［エ］に当てはまる式やことばを，それぞれ答えなさい。

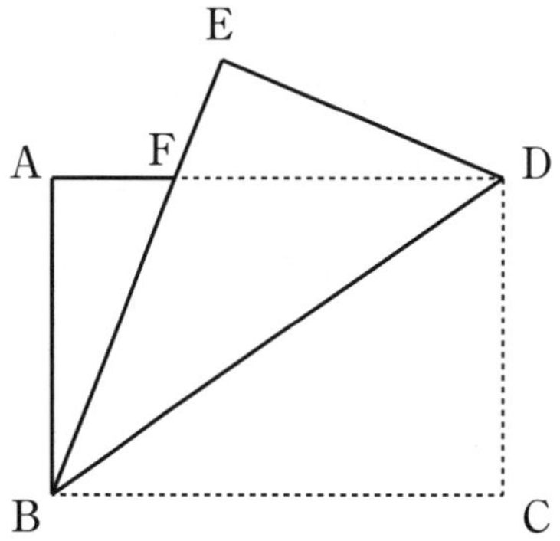

(説明)

△ＡＢＦと△ＥＤＦにおいて，

四角形ＡＢＣＤは長方形だから，　ＡＢ＝ＣＤ　……①

∠ＢＡＦ＝∠ＤＣＢ＝90°　……②

折り返した辺は等しいから，　ＣＤ＝ＥＤ　……③

①，③より，　［ア］　……④

折り返した角は等しいから，　∠ＤＣＢ＝∠ＤＥＦ　……⑤

②，⑤より，　∠ＢＡＦ＝∠ＤＥＦ　……⑥

［イ］は等しいから，　∠ＡＦＢ＝∠ＥＦＤ　……⑦

三角形の内角の和は180°であることと，⑥，⑦より，

［ウ］　……⑧

④，⑥，⑧より，［エ］がそれぞれ等しいから，△ＡＢＦ≡△ＥＤＦ

〔**4**〕右の図のように，縦５cm，横３cmの長方形を１番目とし，１番目の長方形の縦を２cm，横を１cm長くした長方形を２番目，２番目の長方形の縦を２cm，横を１cm長くした長方形を３番目，…とする。このとき，次の(1)～(3)の問いに答えなさい。

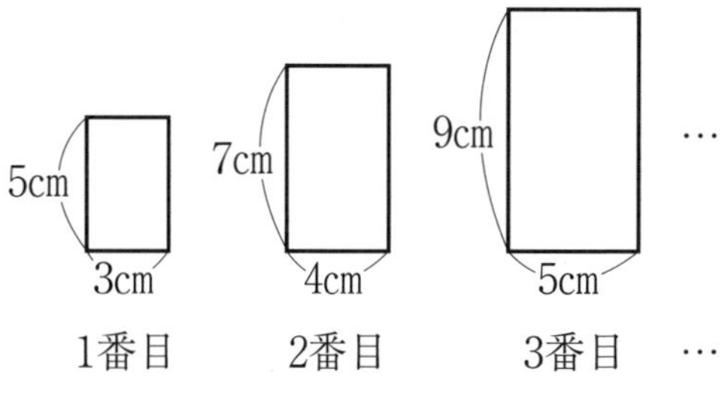

(1)　５番目の長方形の周の長さを求めなさい。

(2)　n番目の長方形の周の長さを，nを用いた式で表しなさい。ただし，nは自然数とする。

(3)　x番目の長方形の周の長さが118cmであるとき，x番目の長方形の面積を求めなさい。

〔**5**〕ある日，ユウさんは，午前8時ちょうどに自宅を出発し，1200m離れた学校に向かった。最初は少し歩き，途中からしばらく走った後，最後は再び歩いて学校に着いた。

午前8時x分に，ユウさんが自宅からym離れた地点にいたとする。下の図は，ユウさんが自宅を出発してから学校に着くまでの，xとyの関係をグラフに表したものである。このとき，次の(1)～(4)の問いに答えなさい。ただし，ユウさんが歩く速さと走る速さはそれぞれ一定であり，歩く速さは最初と最後で同じであったものとする。

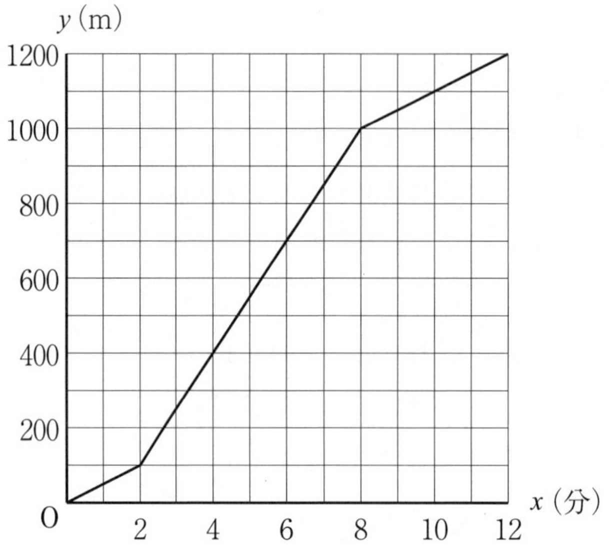

(1) $x = 6$のとき，yの値を求めなさい。

(2) ユウさんが歩く速さは毎分何mか，求めなさい。

(3) $2 \leqq x \leqq 8$のとき，yをxの式で表しなさい。

(4) この日，ユウさんの姉は，午前8時5分に自宅を出発し，毎分200mの一定の速さで，ユウさんと同じ道を通って学校に向かった。姉がユウさんに追いつくのは，午前8時何分何秒か，求めなさい。

〔6〕右の図1のように，ＡＢ＝3cm，ＢＣ＝10cmの長方形ＡＢＣＤと，ＡＤを直径とする半円を組み合わせた図形がある。このとき，次の(1)，(2)の問いに答えなさい。ただし，円周率はπとする。

図1

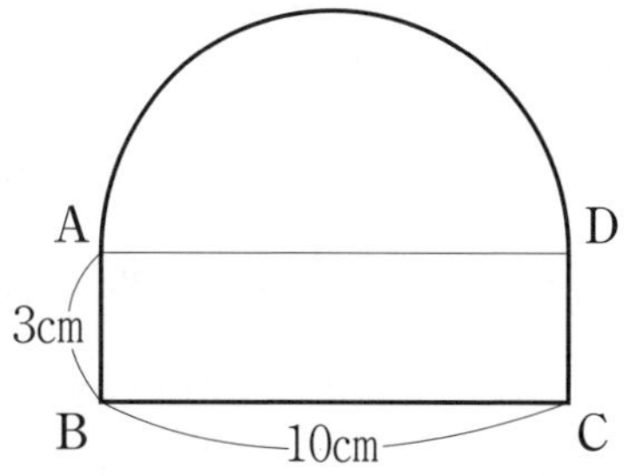

(1) $\overset{\frown}{\mathrm{AD}}$上を点Ａから点Ｄまで移動する点をＰとする。点Ｐと直線ＢＣとの距離が最も長くなるとき，その距離を求めなさい。

(2) 次の文は，ある中学校の数学の授業での，先生と生徒の会話の一部である。この文を読んで，あとの①，②の問いに答えなさい。

先生：投影図をかいたとき，立面図が上の図１の図形になるような立体を考えてみましょう。例えば，右の図２のような，球をその直径をふくむ平面で２等分したうちの片方の立体（半球）と円柱を組み合わせた立体が考えられます。この立体の表面積は求められますか。

図2

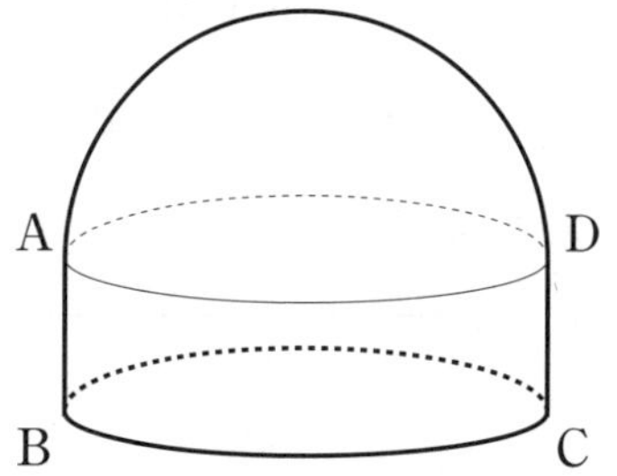

ケン：図２の立体の表面積は (a) cm^2です。

先生：そのとおりです。よくできました。では，他に，立面図が上の図１の図形になるような立体は考えられますか。

ナミ：右の図３のような，円柱をその底面の円の直径をふくむ平面で２等分したうちの片方をの立体と直方体を組み合わせた立体が考えられます。

図3

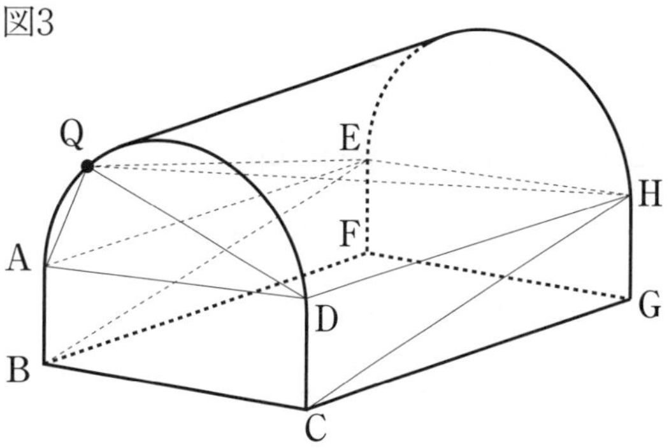

先生：そうですね。よく考えられました。図３の立体で，長方形ＡＢＣＤと，ＡＤを直径とする半円は同じ平面上にあるものとし，$\overset{\frown}{\mathrm{AD}}$上を点Ａから点Ｄまで移動する点をＱとします。また，ＡＥ＝ＢＦ＝ＣＧ＝ＤＨ＝15cmとします。立体ＥＨ－ＱＡＢＣＤの体積が最も大きくなるとき，その体積は求められますか。ただし，点Ｑが点Ａ，点Ｄにあるときは考えないものとします。

リエ：立体ＥＨ－ＱＡＢＣＤの体積が最も大きくなるとき，その体積は (b) cm^3です。

先生：そのとおりです。よくできました。

① (a) に入る値を求めなさい。

② (b) に入る値を求めなさい。

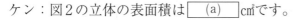

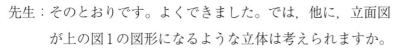

英　　語

〔1〕 放送を聞いて，次の(1)，(2)の問いに答えなさい。

(1) これから英文を読み，それについての質問をします。それぞれの質問に対する答えとして最も適当なものを，次のア～エから一つずつ選び，その符号を書きなさい。

1 ア On Monday.　イ On Tuesday.
　ウ On Wednesday.　エ On Thursday.

2 ア Yes, she was.　イ No, she wasn't.
　ウ Yes, she did.　エ No, she didn't.

3 ア See you.　イ Sure.
　ウ No, thank you.　エ You're welcome.

4 ア Because he can't watch the stars.　イ Because he can't watch TV.
　ウ Because it'll be sunny tomorrow.　エ Because he likes to watch TV.

(2) これから英語で対話を行い，それについての質問をします。それぞれの質問に対する答えとして最も適当なものを，次のア～エから一つずつ選び，その符号を書きなさい。

1 ア

イ

ウ

エ

2 ア About their class.　イ About Australia.
　ウ About a new student.　エ About soccer.

3 ア By the bed.　イ On the bed.
　ウ On the table.　エ By the table.

4 ア One.　イ Two.
　ウ Three.　エ Four.

〔2〕 中学生のショウコ(Shoko)とALT(外国語指導助手)のマーク(Mark)が，職場体験について話しています。この対話文を読んで，あとの(1)～(8)の問いに答えなさい。

Mark : Hello, Shoko. I hear you went to a newspaper *company for *work experience.

Shoko: Yes. I worked there for three days. I make a newspaper in my school. I wanted to learn *how to write good *articles.

Mark : Good. [①]

Shoko: It was great. In the company, I saw Mr. Furuta, a newspaper *writer. He ②[about, me, things, *told, many] his *job.

Mark : That's nice. What did you learn from him?

Shoko: In Mr. Furuta's *opinion, ③<u>writing *reliable articles is very important</u> because newspapers *have an influence on *society.

Mark : I think *so, too. We can *trust information in reliable newspaper articles. Did you read his articles?

Shoko: Yes. During my work experience, he was writing an article about a festival.

Mark : What did he do to write it?

Shoko: First, he ④[find] information on the *Internet and read books about the festival. After that, we went out together to ask people about it. ⑤[busy, he, looked, very].

Mark : I see. What did you think when you read his article?

Shoko: It was (⑥). The article wasn't so long, and ⑦<u>I got the *point *easily</u>.

Mark : Did you meet people when you *wrote your articles?

Shoko: Well, I *only visited some *websites. But after ⑧[see] Mr. Furuta's work, I thought, "If I want to get reliable information, to meet people is important."

Mark : Yes. We can get reliable information *by talking with people.

Shoko: ⑨<u>That</u>'s right.

Mark : What are you going to do for your next article?

Shoko: Well, I'm thinking of asking other students about their work experience.

Mark : That's good!

(注) company 会社　work experience 職場体験　how to ～ ～のしかた　article 記事
writer 記者　told tellの過去形　job 仕事　opinion 意見　reliable 信頼できる
have an influence on ～ ～に影響を与える　society 社会　so そのように
trust 信用する　Internet インターネット　point 要点　easily 簡単に
wrote writeの過去形　only ただ～だけ　website ウェブサイト　by ～によって

(1) 文中の①の［　　　］の中に入る最も適当なものを，次のア～エから一つ選び，その符号を書きなさい。

ア When did you go there?　　イ How did you write articles?

ウ How was the work experience?　　エ What did you do there?

(2) 文中の②，⑤の［　　　］の中の語を，それぞれ正しい順序に並べ替えて書きなさい。ただし，本文の流れに合うように必要に応じて文頭は大文字で書くこと。

(3) 下線部分③のような意見をフルタさん(Mr. Furuta)が持つ理由を次のように表すとき，(　　)の中に入る適当な日本語を書きなさい。

(　　　　　　　　　　)から。

(4) 文中の④，⑧の［　　　］の中の語を，それぞれ最も適当な形(1語)に直して書きなさい。

(5) 文中の⑥の(　　)の中に入る最も適当な語を，次のア～エから一つ選び，その符号を書きなさい。

ア bad　　イ wonderful　　ウ famous　　エ tired

(6) 次の文が下線部分⑦とほぼ同じ内容になるように，(　　)に適当な語を1語書きなさい。

to get the point was (　　) for me

(7) 下線部分⑨の内容を次のように表すとき，(　　)の中に入る適当な日本語を書きなさい。

私たちは(　　　　)を得ることができるということ。

(8) 本文の内容に合っているものを，次のア～エから一つ選び，その符号を書きなさい。

ア Shoko worked at the newspaper company for two days.

イ Mark doesn't think newspaper articles are reliable.

ウ Mr. Furuta used the Internet to write an article, but he didn't read books.

エ Shoko is going to ask other students about their work experience.

〔3〕 次の(1)～(3)の日本文を英文に直しなさい。

(1) この赤い自転車は私のものです。

(2) あなたは今日，昼食を作る必要はありません。

(3) 彼の友人たちは彼をヒロ(Hiro)と呼びます。

〔4〕 次の英文は，高校生のタクヤ（Takuya）が，英語の授業で発表するスピーチの原稿です。これを読んで，あとの(1)〜(9)の問いに答えなさい。

I went to *New York last year. I stayed with Mr. and Mrs. Green for a month. They had a *son. His name was Fred. He went to *high school. [A] We studied together at his school. ①New York has many places to visit, and my *host family took me to famous places. I enjoyed my *homestay ②a lot, but they often asked me, "Are you enjoying your stay with us?" [B] I thought, "(③) do they ask me the *same question many times?" I didn't know the reason.

One day, Fred came to my room and asked me, "You usually go to your room soon after dinner. What are you doing in your room, Takuya?" I said, "I'm doing my homework. In Japan, I always do my homework in my room." Fred said, "I'm doing my homework in the *living room and *spending time with my family. We usually talk about the day with *each other. But you go to your room soon after dinner, so everyone worries about you." I thought, "④My host family *repeated the same question, and now I *understood the reason." I started to study with Fred in the living room. [C]

After that, I *tried to talk with my host family every evening. I talked about my friends, my school in Japan, and Japanese culture. [D] They tried to understand me. We had a good time. My host family was very happy, and ⑤I was happy, too. Fred asked me many questions about Japan, but sometimes I could not *answer ⑥them. I thought, "I (⑦) learn *more about Japan. I'll read many books about Japan."

㊟ New York　ニューヨーク（アメリカの都市名）　son　息子　high school　高校
host　ホームステイ先の　homestay　ホームステイ　same　同じ　living room　居間
spend　過ごす　each other　お互い　repeat　繰り返す
understood　understand「理解する」の過去形　try to 〜　〜しようと努める　answer　答える
more　もっと

(1) 次の英文は，文中のA～Dの［　　　］のどこに入れるのが最も適当か。当てはまる符号を書きなさい。

They were interested in them.

(2) 下線部分①を次のように表すとき，(　　)に適当な語を1語ずつ書きなさい。

(　ⓐ　) (　ⓑ　) many places to visit in New York

(3) 文中の下線部分②の意味に最も近い意味を表す語句を，次のア～エから一つ選び，その符号を書きなさい。

ア　at home　　イ　very much　　ウ　over there　　エ　every day

(4) 文中の③の(　　)の中に入る最も適当な語を書きなさい。

(5) 下線部分④の理由を次のように表すとき，(　　)の中に入る適当な日本語をそれぞれ書きなさい。

タクヤが(　ⓐ　)すぐに自分の部屋に行くので，みんながタクヤ(　ⓑ　)から。

(6) 下線部分⑤を次のように表すとき，(　　)に適当な語を1語書きなさい。

I was (　　) happy

(7) 下線部分⑥の内容を表す本文中の連続する4語を抜き出して書きなさい。

(8) 文中の⑦の(　　)の中に入る最も適当な語(句)を，次のア～エから一つ選び，その符号を書きなさい。

ア　did　　イ　cannot　　ウ　must　　エ　must not

(9) 次の問いに対する答えを，それぞれ主語を含む3語以上の英文で書きなさい。

① Was Fred a junior high school student last year?

② Where does Takuya do his homework in Japan?

第2回 実戦問題 国語

区分コード・受験番号(右よせ)・氏名を正確に記入しなさい。

区分コード	受験番号	氏名	得点

〔一〕

(一)
1 依然
2 強奪
3 寸暇
4 玉露
5 恐 ろしい
6 鮮 やか

(二)
1 シュウコウ
2 ソウゲイ
3 ケイゴ
4 ケンメイ
5 サバ く
6 ソ めて

〔二〕

(一) ① ② ③

(二) ① ② ③

〔三〕

(一) A B C D

(二)

(三) ① ②

(四)

(五) I

II 博雅の三位の家に入った盗人は、

60

〔四〕

(一) ① ② ③

(二) A B

(三) 努力とは、

65

(四)

8

(五)

(六)

30

(七)

90

第2回　実戦問題　数学

区分コード・受験番号(右よせ)・氏名を正確に記入しなさい。

区分コード	受験番号	氏名	得点

〔1〕

(1)		(2)		(3)	
(4)	$x=$	(5)	$x=$　　$,y=$	(6)	
(7)	$\angle x=$　　度	(8)			

〔2〕

(1)		答 $x=$　　$,y=$
(2)	①	答 $a=$
	②	答 $y=$
(3)		答

(4)	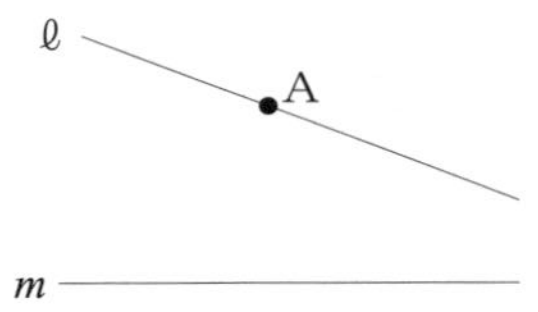

〔3〕

ア	答
イ	答
ウ	答
エ	答

〔4〕

(1)	答　　cm
(2)	答　　cm
(3)	答　　cm^2

〔5〕

(1)	答 $y=$
(2)	答 毎分　　m
(3)	答 $y=$
(4)	答 午前8時　　分　　秒

〔6〕

(1)		答　　cm
(2)	①	答
	②	答

第２回 実戦問題　英 語

区分コード・受験番号(右よせ)・氏名を正確に記入しなさい。

区分コード			受験番号				

氏名		得点

〔1〕

(1)	1		2	
	3		4	
(2)	1		2	
	3		4	

〔2〕

(1)		
(2)	②	
	⑤	
(3)		
(4)	④	
	⑧	
(5)		
(6)		
(7)		
(8)		

〔3〕

(1)	
(2)	
(3)	

〔4〕

(1)				
(2)	ⓐ		ⓑ	
(3)				
(4)				
(5)	ⓐ			
	ⓑ			
(6)				
(7)				
(8)				
(9)	①			
	②			

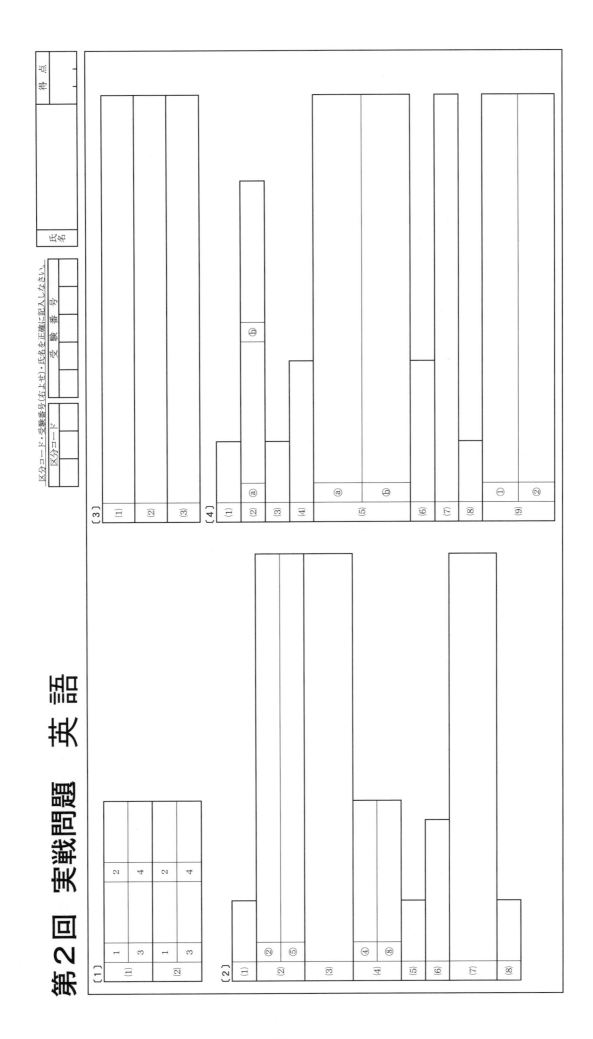

(五) ――線部分(4)について、このように述べているのはなぜか。最も適当なものを、次のア～エから一つ選び、その符号を書きなさい。

ア 発酵の活動によって外の世界への理解が広がり、操作知や個別知である脳の回路が複雑な発達を遂《と》げられるから。

イ 発酵の活動によって反省的な知が生まれ、他者のわかり方との交渉で自分の学びに関する意味の世界が広がるから。

ウ 発酵の活動によって前向きに考えようとする自己の学びが深まり、他者との交渉のしかたを身につけられるから。

エ 発酵の活動によって脳に新たな回路ができて、活動自体の意味を活発に考えることで真の学力が身につくから。

(六) ――線部分(5)について、この「具体的なイメージ」が示されている一文を文章中から探し、はじめの五字を書き抜きなさい。

(七) ――線部分(6)について、このように筆者が考えるのは、なぜか。「幼児教育の世界では、」に続けて、「串ざし」「己」「自発的」という言葉を用いて、八十字以内で書きなさい。

具体的なイメージです。学ぶことはその意味で他者を知り、自分を知ること――そして厳しく言えば、＊ソクラテスのように最後は己の無知を知ることなのです。

今の国の提起による「資質・能力」育てが、そうした子どもたちの自発的な意思をベースとした豊かな学びにつながるものかどうか、じっくりと見守りたいと思います。さしあたり、こうした学びは幼児教育の世界では理解されやすいということを強調しておきましょう。(6)教育界は幼児教育にもっと学ぶべきだと思うのです。

（汐見《しおみ》　稔幸《としゆき》「『天才』は学校で育たない」より）

(注)　シナプス回路＝脳細胞《さいぼう》が受けた神経情報を別の脳細胞に伝えるための細胞同士を繋《つな》ぐ回路。

ソクラテス＝古代ギリシャの哲学者。

(一)　――線部分(1)について、「串ざし状態」とは、どのような状態を表しているか。次の文の ① ～ ③ に当てはまる言葉を文章中からそれぞれ二字ずつで書き抜きなさい。

> 人が行動するときに、自分と ① と外の ② という三方向で ③ を働かせる状態。

(二)　――線部分(2)について、「それ」が指し示す内容を文章中の言葉を用いて、三十字以内で書きなさい。

(三)　文章中の A ・ B に最もよく当てはまる言葉を、次のア～オから一つずつ選び、その符号を書きなさい。

ア　つまり　　イ　そして　　ウ　だから

エ　しかし　　オ　なぜなら

(四)　――線部分(3)について、「できるようになったこと自体の意味を考えるようになること」を何と表しているか。文章中から三字で書き抜きなさい。

〔四〕次の文章を読んで、㈠～㈦の問いに答えなさい。

　人の知性は、「世界」「他者」「自分」を知りたいという原点をもとにその世界がどんどん深く入っていくことと言えます。日常の行動にも、この三つの側面は必ず出てきます。卑近《ひきん》な例で言うと、たとえば将棋《しょうぎ》をするとき、こっちがこう指したら相手はこうくるだろうといった読みがあり、自分はこういう作戦が得意だからこれでいこうなどと戦略を考えます。

　そこには自分についての認識があり、他者についての認識もあり、さらに、もっと一般的な知識、勝ち方についての広い認識も必要です。

　人間は何かを知りたい、深めたいという気持ちになったとき、必ずこの三つの方向で知性を働かせています。まさに、(1)串《くし》ざし状態なのです。

　楽器を演奏しようとして、いい演奏をするためにはどういうふうに弾いたら人は感動してくれるのかを考え、どういう音を出したら自分は納得できるのかを考える。と同時に、演奏するバイオリン特有の音の響きのためには弦《げん》を調整し、演奏する場所の物理的で客観的な状況についても知る。外の世界、他者、自分を知らないと、本当に納得できる演奏にはならないのです。

　あるべき「学び」はそれゆえ、自分、他者、世界への知を串ざしするような「学び」でなければならないと思うのです。

　このことをもう少し考えてみます。

　私たちのこれまでの学校での学びは、基本的には活動主義でした。懸命に考える、調べる、議論する、その中で脳の*シナプス回路ができていき、(2)それが整っていくことで学力が身につくと言ってきました。しかし、何かを調べ、考えているとき頭に新たにできる回路は、操作の仕方や個別の知識についての回路にすぎません。(3)たとえ何かができるようになっても、そのこと自体がどういう意味を持つのかまでは考えていません。活動していること自体を発達の条件と見てきたのです。

　[A]、深い学びというのは、あとでも見るように、頭が前向きに活動しているときに生じるとは限りません。むしろそれをいっとき止めてみる。[B]友人にわかったことを言葉で伝えてみる。伝えようと努力することで自分の頭の中で起こっていることを反復し、順序立て、因果関係に組み直し、それを別の言葉で表現し直し……という広い意味での「反省」の場に持ち込むのです。

　そうすることによって、自分の中に何がわかり何がわかっていないのか、あるいは自分がわかったことのもっと別の意味は何かなどが、ほの見えてきます。つまり「意味の世界」が新たに広がり出すのです。こうして単なる「操作知」「個別知」だった脳の回路に「意味知」がつけ加わり、より深い学びが拓《ひら》けてきます。

　このように活動してわかったことを協働の場に投げかけ、共有しようとすることで反省的な知、意味の知の世界が生まれてきます。

　今までの日本の教育にはこの面が弱かったように思います。活発に前向きに考えるだけでなく、わかったことをストップして反省し、発《はっ》酵《こう》させる。(4)これもまた大事な学びなのです。

　この発酵の活動は、他者のわかり方との交渉の場であり、その交渉を通じて自己の学びの特性や特徴、限界などを自覚していく場になります。学ぶというのは、世界という対象を知りたいという動機をテコに、それに対する他者の学びの特性を知ることで他者をより深く理解し、合わせてその他者と対峙《たいじ》している自分を他者を鏡にして認識していく。そうしたことの総体を指すのです。

　これが世界・他者・自分を串ざしにして知るということの(5)ひとつの

(三) ――線部分(2)「誤りたる批判なり」とあるが、なぜ誤っているのか。次の ① ・ ② に当てはまる言葉を古文中からそれぞれ五字ずつで書き抜きなさい。ただし、句読点・記号等も字数に含めること。

> ① などの ② のまねは、たやすいから。

(四) ――線部分(3)「位上らでは似合ふべからず」とあるが、この意味として最も適当なものを、次のア〜エから一つ選び、その符号を書きなさい。

ア　芸の位が高くなっていれば、きっと似合うだろう
イ　芸の位が高くなくても、似合うかもしれない
ウ　芸の位が高くなっていなくては、似合うはずがない
エ　芸の位が高くなることで、似合わなくなるにちがいない

(五) ――線部分(4)「面白き所稀なり」とあるが、ここでいう面白いところが乏《とぼ》しいという評価は、何に対するものか。次の ① 〜 ③ に当てはまる言葉を古文中からそれぞれ二字以内で書き抜きなさい。

> 腰や膝を曲げて ① を縮めた ② をまねた ③ のない演技。

(六) ――線部分(5)「老木に花の咲かんがごとし」とあるが、このたとえで、老人が舞う姿の物まねにおいて大切なのは、どのようなことだと述べられているか。「珍しさ」「年寄り」の二語を用いて、現代語で五十五字以内で書きなさい。

〔三〕 次の古文を読んで、(一)～(六)の問いに答えなさい。

老人の物まね、この道の*A奥義《あうぎ》なり。能の位《くらゐ》、やがて《すぐに》よそ目に(1)あらはるる《観客の目に明らかにわかる》事なれば、これ、第一の*大事《だいじ》なり。

およそ、能をよき程極《きは》めたる*為手《して》も、老いたる姿は得ぬ《体得していない》人多し。たとへば、木樵《きこり》・汐汲《しほくみ》の*態物《わざもの》などの*翁形《おきなかたち》をし寄せぬれば《ひととおり似せると》、やがてB上手《じやうず》と申《まう》す事、これ、(2)誤りたる批判なり。*冠《かぶり》・直衣《なほし》、*烏帽子《ゑぼし》・狩衣《かりぎぬ》の老人の姿、得たらん人ならでは《道を究めた名人でなければ》C似合ふべからず。稽古《けいこ》の功入りて《豊富な経験が積もり》、(3)位上《のぼ》らでは似合ふべからず。

また、*花なくば面白き所あるまじ。およそ、老人の立ち振舞《ふるまひ》、老いぬればとて、腰《こし》・膝《ひざ》をかがめ、身をつむれば、花失《う》せて、*古様《こやう》に見ゆるなり。さるほどに《したがって》、(4)面白き所稀《まれ》なり。ただ、大《おほ》かた、いかにもいかにもそぞろかで《決してそわそわしないで》、しとやかに立ち振舞ふべし。

ことさら、老人の*舞《まひ》がかり、無上の*大事なり。花はありて年寄と見ゆる*公案、Dくはしく習ふべし《詳しく研究しなければならない》。ただ、(5)老木に花の咲《さ》かんがごとし。

（「風姿花伝」より）

(注) 奥義＝極意。技芸の最も奥深いところ。
大事＝重要な事柄。
為手＝役者。
態物＝特徴があって似せやすい対象。
翁形＝年寄りめいた格好。
冠・直衣＝貴人の正装。
烏帽子・狩衣＝貴人の略装。
花＝観客をひきつける珍しさ。
古様＝生気のないみすぼらしいありさま。
舞がかり＝舞う姿。
大事なり＝難しい。
公案＝禅語《ぜんご》で本来の課題。

(一) 文章中の━━線部分A～Dの古語を現代かなづかいに直し、すべてひらがなで書きなさい。

(二) ━━線部分(1)「あらはるる」の主語にあたるものを次のア～エから一つ選び、その符号を書きなさい。

ア 老人の物まね
イ 能の道
ウ 能の奥義
エ 能の位

国　語

〔一〕 次の㈠、㈡の問いに答えなさい。

㈠ 次の1～6について、――線をつけた漢字の部分の読みがなを書きなさい。

1 うわさの真偽を確かめる。
2 社会に警鐘を鳴らす。
3 走ってきたのか、兄の額には汗がにじんでいた。
4 稲わらを使い、民芸品の猫ちぐらを編み上げる。
5 作家が筆を執る。
6 大量の雨水が田を浸す。

㈡ 次の1～6について、――線をつけたカタカナの部分に当てはまる漢字を書きなさい。

1 校庭を市民にカイホウする。
2 接戦に観客がコウフンする。
3 彼のセイジツな性格は知っている。
4 地面にチョッケイ三十メートルほどの穴が現れた。
5 この色の組み合わせにはイワカンがある。
6 手本を上手にウツす。

〔二〕 次の㈠、㈡の問いに答えなさい。

㈠ 次の①・②の動詞について説明した各文の [a] ～ [c] に当てはまる言葉をあとのア～オから一つずつ選び、その符号を書きなさい。

① 当てる　食べる　超《こ》える　遊べる
「遊べる」だけが [a] である。

② 晴れる　曲げる　暮れる　焼ける
「曲げる」だけが [b] で、他は [c] である。

ア 自動詞　イ 他動詞　ウ 補助動詞
エ 可能動詞　オ 複合動詞

㈡ 次の①～③のことわざと似た意味のことわざを、あとのア～オから一つずつ選び、その符号を書きなさい。

① 光陰《こういん》矢のごとし
② 急がば回れ
③ 転ばぬ先の杖《つえ》

ア 過ぎたるはなお及《およ》ばざるがごとし
イ 先んずれば人を制す
ウ 急《せ》いては事をし損じる
エ 石橋をたたいて渡る
オ 歳月人を待たず

数　　学

〔**1**〕次の(1)〜(8)の問いに答えなさい。

(1)　$-9-5-4$　を計算しなさい。

(2)　$3(5x-1)-8(x-1)$　を計算しなさい。

(3)　$a^5b^2 \div a^2b \times ab$　を計算しなさい。

(4)　1次方程式　$0.3x+0.6=0.7x-3$　を解きなさい。

(5)　連立方程式 $\begin{cases} 4x+y=6 \\ -9x-5y=3 \end{cases}$　を解きなさい。

第3回

(6) 百の位の数がa，十の位の数が0，一の位の数がbである3けたの自然数がある。この自然数をa，bを用いた最も簡単な式で表しなさい。

(7) yはxに反比例し，$x = -2$のとき$y = 32$である。このとき，yをxの式で表しなさい。

(8) 右の図のような六角柱について，次の①，②の問いに答えなさい。

① 底面の六角形の内角の和を答えなさい。

② 六角柱の辺のうち，辺ABとねじれの位置にある辺は全部で何本あるか，答えなさい。

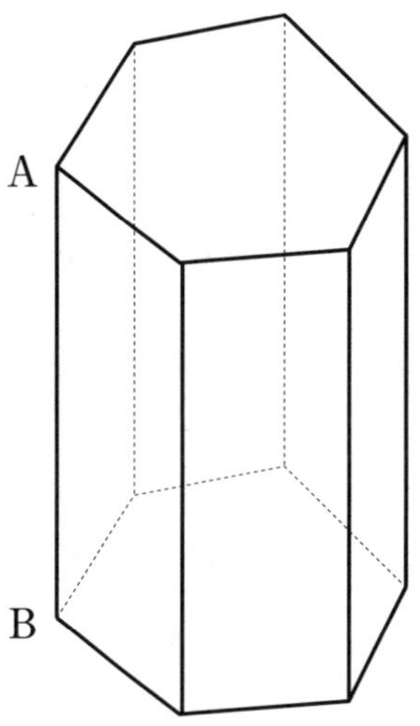

〔**2**〕次の(1)～(3)の問いに答えなさい。

(1) サクラさんは家族で登山に行った。登山口Aから頂上までのx mの道のりを毎分40mの速さで歩き，頂上から登山口Bまでのy mの道のりを毎分60mの速さで歩いたところ，歩いた道のりの合計は2300m，歩いた時間の合計は50分であった。このとき，x，yの値を求めなさい。

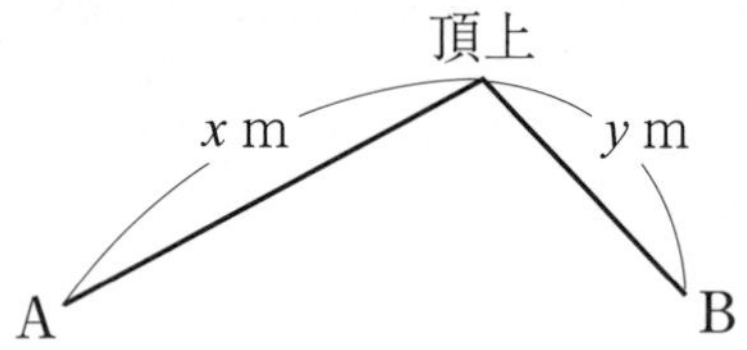

(2) 右の図で，直線ℓは関数$y = -2x + 8$のグラフである。直線ℓとy軸の交点をAとする。点Bは，直線ℓ上の点で，そのx座標は10である。また，点Pは，x軸上の点で，そのx座標は負である。このとき，次の①～③の問いに答えなさい。

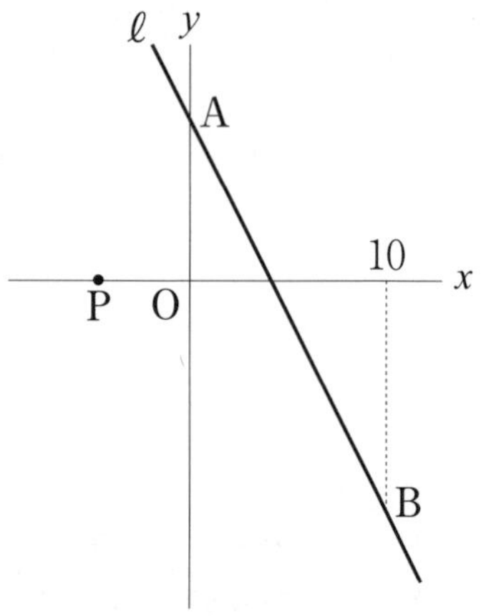

① 関数$y = -2x + 8$について，xの増加量が9のときのyの増加量を求めなさい。

② 点Pのx座標が-3のとき，点Pを通り，直線ℓに平行な直線の式を求めなさい。

③ △APBの面積が110のとき，点Pのx座標を求めなさい。

(3) 下の図のような，平行四辺形ABCDがある。平行四辺形ABCDの底辺をBCとしたときの高さAHを，定規とコンパスを用いて作図しなさい。ただし，作図は解答用紙に行い，作図に使った線は消さないで残しておくこと。

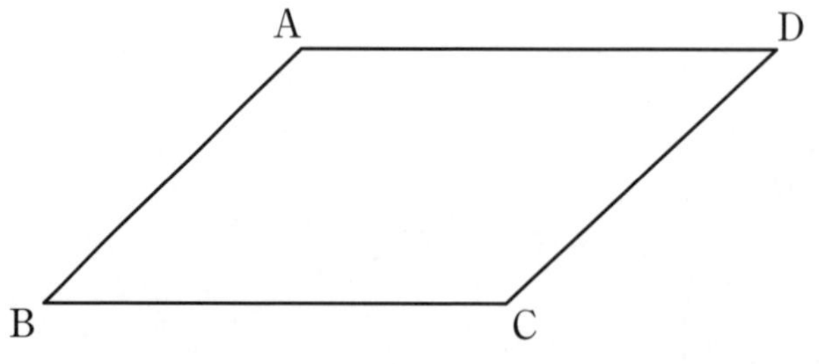

〔**3**〕右の図のような，ＡＢ＜ＡＣの△ＡＢＣがある。∠ＢＡＣの二等分線と辺ＢＣとの交点をＤとする。点Ｅは，辺ＡＣ上の点で，ＡＢ＝ＣＥである。点Ｆは，直線ＡＣについて点Ｂと同じ側にあり，ＡＤ∥ＥＦ，∠ＡＢＤ＝∠ＥＣＦである。このとき，△ＡＢＤ≡△ＥＣＦであることを，次のように証明した。（証明）の中の［ア］～［ウ］に当てはまることばや式を，それぞれ答えなさい。

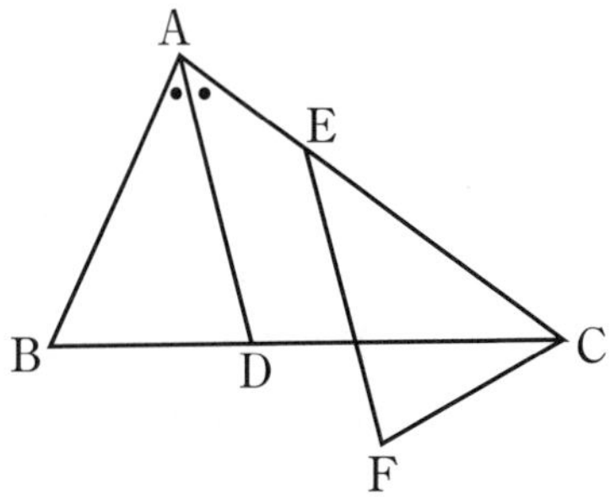

（証明）
△ＡＢＤと△ＥＣＦにおいて，
仮定より，　　ＡＢ＝ＥＣ　　……①
∠ＡＢＤ＝∠ＥＣＦ　　……②
∠ＢＡＤ＝∠ＣＡＤ　　……③
ＡＤ∥ＥＦより，平行線の［ア］は等しいから，
∠ＣＡＤ＝∠ＣＥＦ　　……④
③，④より，［イ］　　……⑤
①，②，⑤より，［ウ］がそれぞれ等しいから，
△ＡＢＤ≡△ＥＣＦ

〔**4**〕右の図1は，ある中学校の2年生80人を対象に，先月1か月間に読んだ本の冊数を調べ，0冊以上2冊未満を階級の1つとするヒストグラムに表したものである。このとき，次の(1)～(3)の問いに答えなさい。

(1)　中央値がふくまれる階級を答えなさい。

(2)　6冊以上8冊未満の階級の累積相対度数を求めなさい。

(3)　右の図2は，同じデータを，0冊以上3冊未満を階級の1つとするヒストグラムに表したものである。図1と図2のヒストグラムから，先月1か月間に読んだ本の冊数が8冊である生徒の人数を求めなさい。

図1
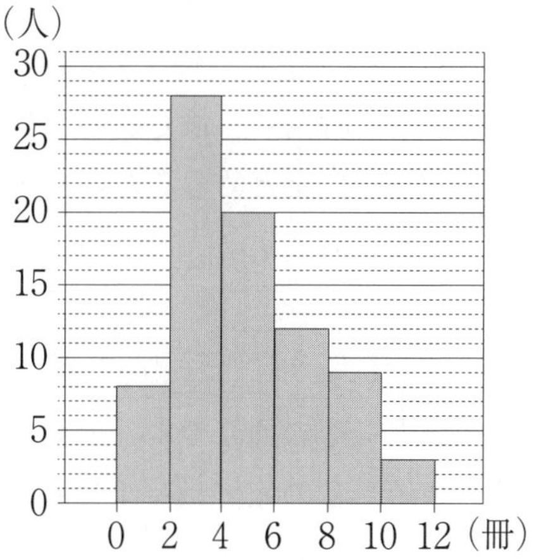

図2
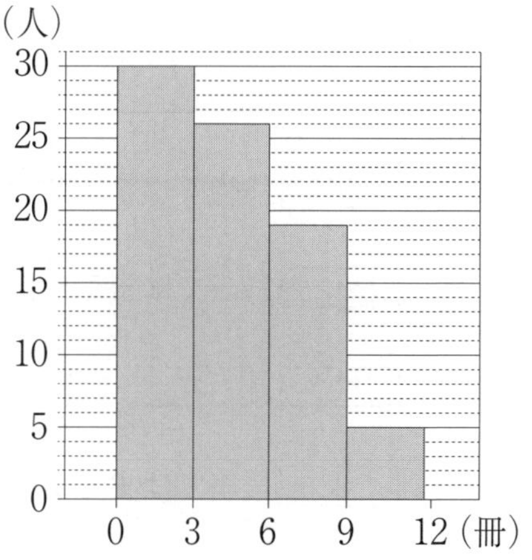

〔**5**〕次の文は，ある中学校の数学の授業での，先生と生徒の会話の一部である。この文を読んで，あとの(1)〜(4)の問いに答えなさい。

先生：下の表は，ある携帯電話会社の，1か月あたりの電話料金のプランをまとめたもので，A，B，Cの3つのプランから選ぶことができます。なお，電話料金は，基本料と通話料を合わせた料金です。今日は，この3つのプランについて考えてみましょう。

Aプラン	基本料は500円で，通話料は1分あたり30円。
Bプラン	基本料は2000円で，通話料は1分あたり10円。
Cプラン	基本料は5000円で，通話料は通話時間に関係なく0円。

ユイ：まず，Aプランについて考えてみます。例えば，1か月あたりの通話時間が40分のとき，Aプランでは，電話料金は［ア］円になります。

先生：そうですね。ここからは，1か月あたりの通話時間をx分，電話料金をy円として考えていきます。Aプランについて，xとyの関係を式に表すことができますか。

コウ：はい。Aプランは，$y=$［イ］と表すことができます。

先生：その通りです。次に，AプランとBプランについて考えてみます。AプランでもBプランでも1か月あたりの電話料金が同じになることがあります。それは，通話時間が何分のときか，求めてみましょう。

ミキ：はい。AプランでもBプランでも1か月あたりの電話料金が等しくなるのは，通話時間が［ウ］分のときです。

先生：よくできました。右の図は，A，B，Cそれぞれのプランについて，xとyの関係をグラフに表したものです。上の表と右の図から，1か月あたりの通話時間と，最も安いプランの関係について，どのようにまとめることができますか。

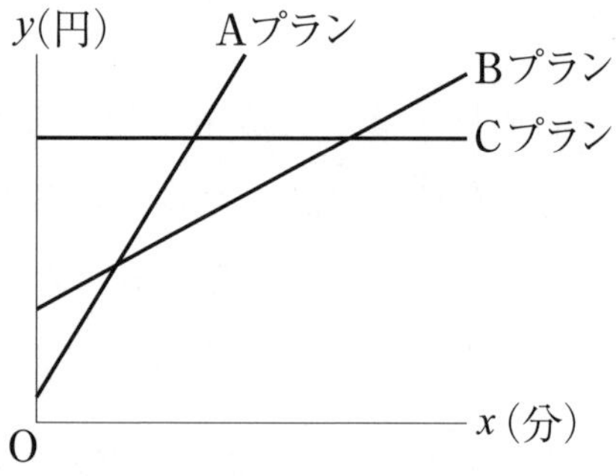

リク：$0 \leqq x <$［ウ］のとき，Aプランが最も安く，

［ウ］$< x <$［エ］のとき，Bプランが最も安く，

$x >$［エ］のとき，Cプランが最も安いです。

先生：その通りです。よくできました。

ユイ：私の家では，1日あたりの通話時間の平均が約7.2分です。これからもこの値が変わらないものとし，1か月を30日として計算すると，電話料金を最も安くするためには，私の家では［オ］プランを選ぶとよさそうです。

先生：そうですね。

(1) ［ア］に当てはまる数を答えなさい。

(2) ［イ］に当てはまるxを用いた式を答えなさい。

(3) ［ウ］，［エ］に当てはまる数を，それぞれ答えなさい。

(4) ［オ］に当てはまるプランを，A，B，Cから1つ選び，その記号を書きなさい。

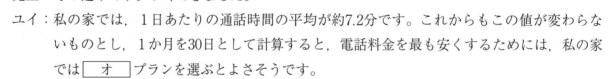

〔6〕右の図1のような，3辺の長さが3cm，4cm，5cmの直角三角形がたくさんある。これらの直角三角形を使ってできる図形について，次の(1)，(2)の問いに答えなさい。ただし，円周率はπとする。

図1

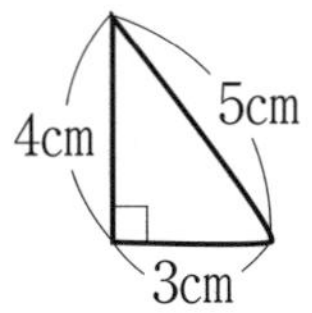

(1) 右の図2で，△ABCは，図1の直角三角形を4つ組み合わせてできた直角三角形であり，∠ABC＝90°，AB＝8cm，AC＝10cm，BC＝6cmである。また，△DECは，△ABCを，点Cを回転の中心として，時計回り（図2の矢印の向き）に90°だけ回転移動させたものである。このとき，次の①，②の問いに答えなさい。

図2

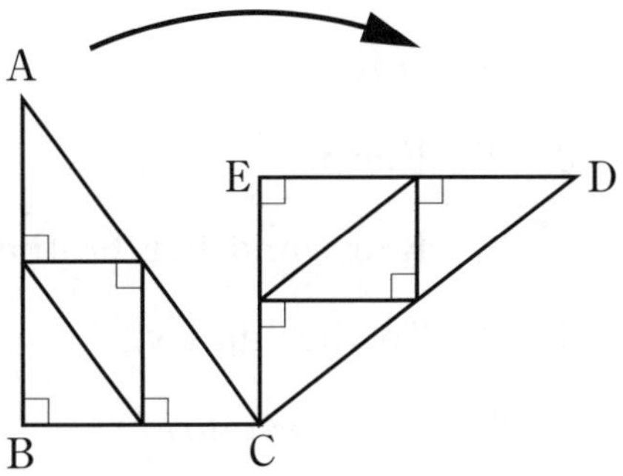

① 点Aが通過したあとは，あるおうぎ形の弧になる。その弧の長さを求めなさい。

② 辺ABが通過した部分の面積を求めなさい。

(2) 右の図3で，四角形MBCNは，図2の△ABCから図1の直角三角形を1つ取り除いてできた台形である。この四角形MBCNを，直線MBを軸として1回転させてできる立体について，次の①，②の問いに答えなさい。

図3

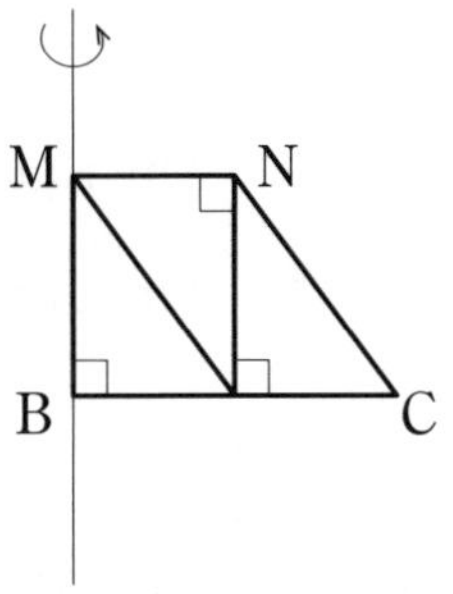

① この立体の体積を求めなさい。

② この立体の表面積を求めなさい。

英　　語

〔1〕 放送を聞いて，次の(1)，(2)の問いに答えなさい。

(1) これから英文を読み，それについての質問をします。それぞれの質問に対する答えとして最も適当なものを，次のア～エから一つずつ選び，その符号を書きなさい。

1 ア At 10:40.　イ At 11:00.
　ウ At 11:20.　エ At 11:40.

2 ア Really?　イ Are you all right?
　ウ O.K.?　エ Pardon?

3 ア Kaori.　イ An old man.
　ウ Kaori and her brother.　エ Two little girls.

4 ア To the library.　イ To Australia.
　ウ To a restaurant.　エ To a theater.

(2) これから英語で対話を行い，それについての質問をします。それぞれの質問に対する答えとして最も適当なものを，次のア～エから一つずつ選び，その符号を書きなさい。

1 ア Yes, he did.　イ No, he didn't.
　ウ Yes, he is.　エ No, he isn't.

2 ア He played basketball.　イ He studied with his friends.
　ウ He visited his grandfather.　エ He helped his father.

3 ア On Saturday morning.　イ On Saturday afternoon.
　ウ On Sunday morning.　エ On Sunday afternoon.

4 ア

イ

ウ

エ

〔2〕 中学生のミチコ(Michiko)とALT(外国語指導助手)のスーザン(Susan)が，和食(*washoku*)について話しています。この対話文を読んで，あとの(1)～(8)の問いに答えなさい。

Susan　:Last Saturday, I had really good *tofu* for lunch in Kyoto. *Tofu* is my (①) food.

Michiko:Oh, you love *tofu*. Do you often eat it?

Susan　:Yes. I ② [every, enjoy, it, eating] day. Do you cook *washoku*, Michiko?

Michiko:Yes. I sometimes cook it. But I'm not good at cooking it.

Susan　:Now many people in other *countries eat Japanese foods.

Michiko:I read about it in a book last month.

Susan　:In 2013, *washoku* ③ [become] *UNESCO Intangible Cultural Heritage.

Michiko:UNESCO Intangible Cultural Heritage? What is that?

Susan　:We have a lot of old and important cultures in the world. For (④), food, festivals, and music. UNESCO *resisters and *preserves some of them.

Michiko:Well, I think *washoku* is important to Japanese people.

Susan　:Why do you think ⑤so?

Michiko:I have three reasons. First, it *is connected to places. There are a lot of mountains, rivers, and seas in Japan, so ⑥we can get *fresh *foodstuffs in *each place. People use them in *washoku*.

Susan　:I see. Well, ⑦ [in, I, Japan, if, travel], I can enjoy some special foods at each place. *Through the foods, [⑧].

Michiko:Also, *washoku* is connected to *yearly events. We eat *soba* on *New Year's Eve, and *osechi* on *New Year's Day.

Susan　:I had *ozoni* at my Japanese friend's house on New Year's Day. It was nice. Japanese people enjoy the events with food.

Michiko:And *washoku* is good for our *health because it's *well-balanced. This is the ⑨ [three] reason.

Susan　:*Washoku* has good *points.

Michiko:I'm just a junior high school student, but I want to preserve this wonderful culture.

Susan　:I think you can.

㈤ country　国　UNESCO Intangible Cultural Heritage　ユネスコ無形文化遺産
resister　登録する　preserve　保存する　be connected to ～　～と結びつく
fresh　新鮮な　foodstuff　食材　each　それぞれの　through ～　～を通して
yearly　例年の　New Year's Eve　大みそか　New Year's Day　元日
health　健康　well-balanced　バランスのとれた　point　点

(1) 文中の①の(　　)の中に入る最も適当な語を，次のア～エから一つ選び，その符号を書きなさい。

ア hungry　　イ favorite　　ウ kind　　エ soft

(2) 文中の②，⑦の □ の中の語を，それぞれ正しい順序に並べ替えて書きなさい。

(3) 文中の③，⑨の □ の中の語を，それぞれ最も適当な形(1語)に直して書きなさい。

(4) 文中の④の(　　)の中に入る最も適当な語(1語)を書きなさい。

(5) 下線部分⑤が指す内容を表す英語を，本文中の連続する6語で抜き出して書きなさい。

(6) 下線部分⑥の理由を次のように表すとき，(　　)の中に入る適当な日本語を書きなさい。

日本には(　　　　　　　　　　)から。

(7) 文中の⑧の □ の中に入る最も適当なものを，次のア～エから一つ選び，その符号を書きなさい。

ア I can travel around the world　　イ I can tell you about my country

ウ I can learn a lot about the place　　エ I can join many events

(8) 本文の内容に合っているものを，次のア～エから一つ選び，その符号を書きなさい。

ア Michiko can cook Japanese food well, and she sometimes cooks it.

イ Michiko didn't know many people in other countries eat Japanese foods.

ウ Susan had *ozoni* on New Year's Day, but she didn't like it.

エ Susan thinks Michiko can preserve Japanese food culture.

〔3〕 次の(1)～(3)の日本語を英語に直しなさい。

(1) あなたはTシャツを何枚持っていますか。

(2) このペンを使ってもいいですか。

(3) あの箱はとても重そうに見えます。

〔4〕 次の英文を読んで，あとの(1)〜(9)の問いに答えなさい。

Susumu is a junior high school student, and he is in the school's drama club. Three weeks ago, Ms. Araki, the drama teacher, *told the students about their *performance for the big drama festival next February. ①<u>Susumu *believed he was going to *perform an important *part</u> because he thought he could perform well. When Ms. Araki said, "Susumu, your part is *High School Student A," he could not believe it. His part had *only one *word to say in the performance. He thought, "Why must I perform a small part like this? I don't want to ②<u>do that</u>." [A] He didn't practice for the next two days.

Then, Susumu got an *e-mail from Kyoko, his sister. She is in a student *orchestra in Tokyo. [B]

> Hi Susumu,
> How are you? There will be a big music event in the U.K. next March. My orchestra is going to join it! I'm so (③)! I'll play the *cymbal. I'll have only one *chance to play the cymbal during the performance, but I don't feel sad about it. I know every sound is important for beautiful music, so I practice hard.
> Kyoko

Susumu read this e-mail many times. Then he opened the *playbook. The names of all the students in the club were on the first *page. *Each student had a *different *role. Some of them had a part to perform, and others had *backstage work. He thought, "I have only one word, but every role is *necessary for the performance. Thank you, Kyoko." [C] He started to practice his part.

One week before the festival, Ms. Araki said to the students, "The festival is coming soon. (④) can we make a wonderful performance?" Susumu said, "I believe we must *be proud of our *own roles and do our best. We (⑤) forget this." [D] After that, he thought, "I'll *invite Kyoko to the drama festival."

(注) told　tellの過去形　　performance　公演，演奏　　believe　信じる　　perform　演じる
part　役，配役　　high school　高校　　only 〜　ただ〜だけ　　word　言葉　　e-mail　電子メール
orchestra　オーケストラ　　cymbal　シンバル(打楽器)　　chance　機会
playbook　脚本　　page　ページ　　each　それぞれの　　different　違った　　role　役割
backstage　裏方の　　necessary　必要な　　be proud of 〜　〜を誇りに思う　　own　自身の
invite　招待する

(1) 下線部分①のようにススム(Susumu)が信じていた理由を次のように表すとき，(　　)の中に入る適当な日本語を書きなさい。

ススムは，自分は(　　　　　　　　　　　　　　　　　　　　)と考えていたから。

(2) 下線部分②の内容として最も適当なものを，次のア～エから一つ選び，その符号を書きなさい。

ア　perform an important part

イ　perform the part of High School Student A

ウ　get an e-mail from Kyoko

エ　join a music event in the U.K.

(3) 次の英文は，文中のA～Dの □ のどこに入れるのが最も適当か。当てはまる符号を書きなさい。

The next day, he went back to the club.

(4) 文中の③の(　　)の中に入る最も適当な語を，次のア～エから一つ選び，その符号を書きなさい。

ア　excited　　イ　sorry　　ウ　tired　　エ　lonely

(5) 文中の④の(　　)の中に入る最も適当な疑問詞(１語)を書きなさい。

(6) 文中の⑤の(　　)の中に入る最も適当な語(句)を，次のア～エから一つ選び，その符号を書きなさい。

ア　have to　　イ　must not　　ウ　can　　エ　must

(7) 次の文が本文の内容に合うように，(　　)の中に入る最も適当な語を，下のア～エから一つ選び，その符号を書きなさい。

Kyoko's e-mail (　　) Susumu a chance to think about his role in the performance.

ア　took　　イ　wanted　　ウ　was　　エ　gave

(8) 次の問いに対する答えを，それぞれ主語を含む３語以上の英文で書きなさい。

① Did Susumu's part have many words to say in the performance?

② When will Kyoko go to the U.K.?

(9) 本文の内容に合っているものを，次のア～エから一つ選び，その符号を書きなさい。

ア　Susumu was happy when Ms. Araki told him about his part in the performance.

イ　When Susumu got an e-mail from Kyoko, he was practicing hard in the club.

ウ　Susumu saw the names of all the students in the club on the first page of the playbook.

エ　Susumu told Ms. Araki and the other students about Kyoko's e-mail.

第3回　実戦問題　国語

区分コード・受験番号(右よせ)・氏名を正確に記入しなさい。

区分コード	受験番号	氏名	得点

〔一〕

(一)
1 真偽
2 警鐘
3 額
4 編　み
5 執　る
6 浸　す

(二)
1 カイホウ
2 コウフン
3 セイジツ
4 チョッケイ
5 イワカン
6 ウツ　す

〔二〕

(一) a　b　c

(二) ①　②　③

〔三〕

(一) A　B　C　D

(二)

(三) ① 5　② 5

(四)

(五) ①　②　③　2

(六) 55

〔四〕

(一) ①　②　③　2

(二) 30

(三) A　B

(四) 3

(五)

(六) 5

(七) 幼児教育の世界では、　80

第３回　実戦問題　数学

区分コード・受験番号(右よせ)・氏名を正確に記入しなさい。

区分コード	受験番号	氏名	得点

〔1〕

⑴		⑵			⑶			
⑷	$x=$	⑸	$x=$ 　　, $y=$		⑹			
⑺	$y=$	⑻	①	度	②	本		

〔2〕

⑴		答 $x=$ 　　　, $y=$
⑵	①	答
	②	答 $y=$
	③	答
⑶		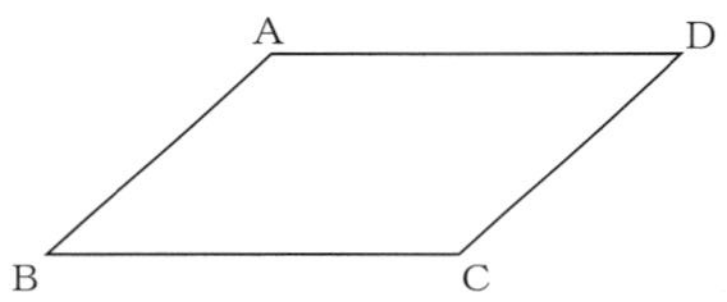

〔3〕

ア	答
イ	答
ウ	答

〔4〕

⑴	答　　冊以上　　冊未満の階級
⑵	答
⑶	答　　　人

〔5〕

⑴		答
⑵		答
⑶	ウ	答
	エ	答
⑷		答

〔6〕

⑴	①	答　　cm
	②	答　　cm^2
⑵	①	答　　cm^3
	②	答　　cm^2

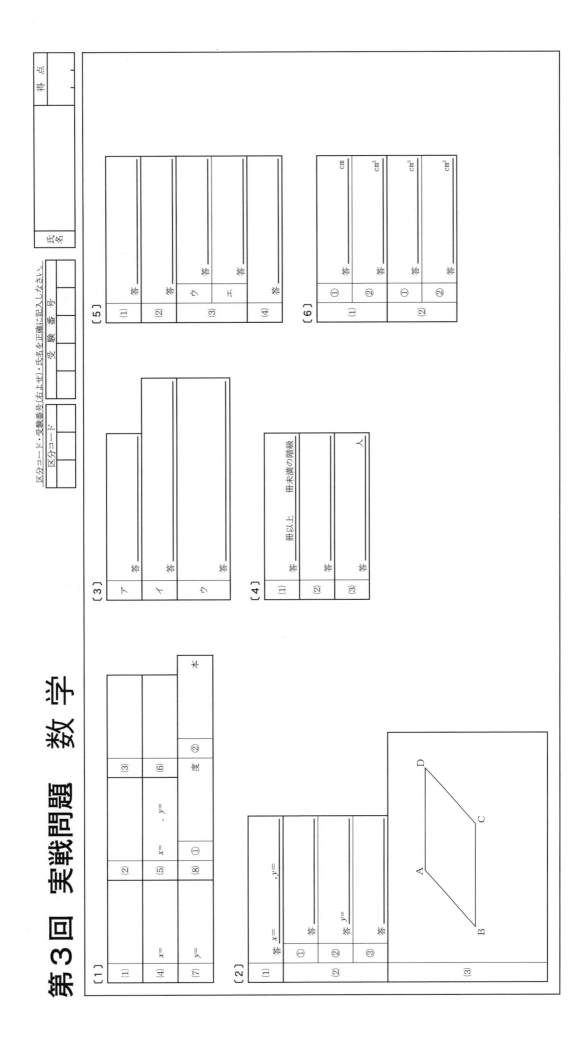

第3回 実戦問題 英語

区分コード・受験番号(右よせ)・氏名を正確に記入しなさい。

区分コード			受験番号				

氏名		得点

〔1〕

(1)	1		2	
	3		4	
(2)	1		2	
	3		4	

〔2〕

(1)		
(2)	②	
	⑦	
(3)	③	
	⑨	
(4)		
(5)		
(6)		
(7)		
(8)		

〔3〕

(1)	
(2)	
(3)	

〔4〕

(1)		
(2)		
(3)		
(4)		
(5)		
(6)		
(7)		
(8)	①	
	②	
(9)		

第3回

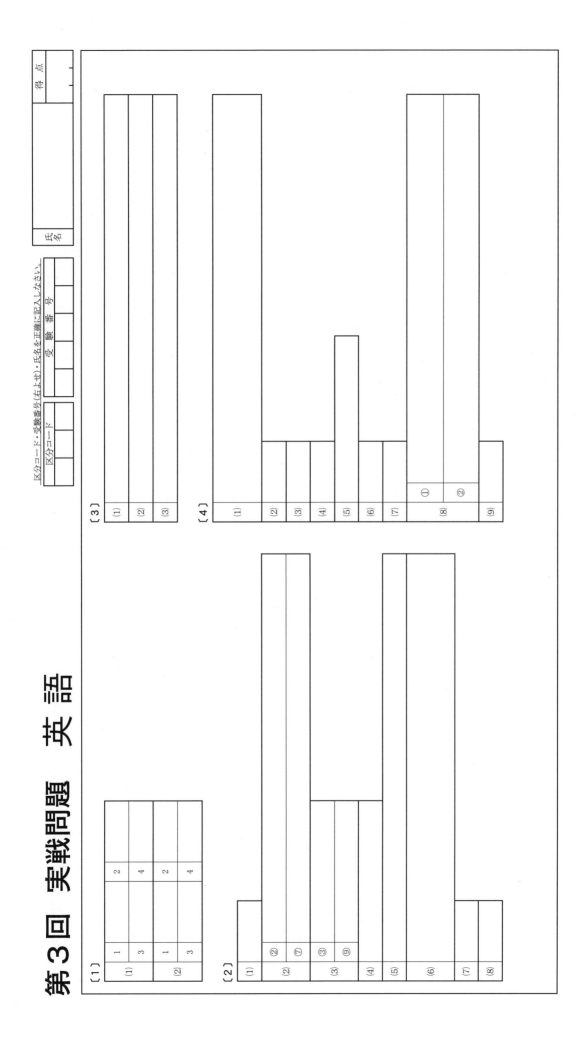

第Ⅱ期　実戦問題

（第４回問題～第６回問題）

すべきことをなさず、自然のままに任せておくということは、いくら自然に甘え、自然を信じている日本人にとっても、けっして好ましいことではない。なすべきことを自然のままに放置する、すなわち成りゆきに任せるということは、最終的な解決ではあっても、そこに到達するためには人間である以上、人間的な［＊］をせねばならぬ。人事ヲ尽クシテ天命ヲ待ツとは中国の名言だが、自然を信仰する日本人もそう思っているのだ。そこで、日本人は人事を尽くさずして自然に任せてしまう安易な人間を「いい加減なヤツ」として糾弾《きゅうだん》するのである。

［B］、この言葉はこういうふうに解釈できる。すなわち、「いい加減」という言葉が第一に、程よく調節された、とか、適当な、というプラスの意味を持つのは、それが(2)自然について抱いたイメージによるのであり、それが第二の、徹底《てってい》せぬ、とか、でたらめ、といったマイナスの意味に転化するのは、やるべきことをやらず、すぐに自然に甘えるという安易な人間についての判定による、というわけである。とすれば、「いい加減」という言葉の第二の意味は、でたらめ、というよりは、むしろ投げやり、あるいは、ちゃらんぽらんという語義に近いとみるべきであろう。

（森本　哲郎「日本語　表と裏」より　一部改）

(注)　随順＝逆らわずに従うこと。
　　　放擲＝打ち捨てること。放置すること。

(一)　文章中の［A］・［B］に最もよく当てはまる言葉を、次のア〜オからそれぞれ一つずつ選び、その符号を書きなさい。

ア　しかし　　イ　たとえば　　ウ　したがって
エ　なぜなら　　オ　では

(二)　——線部分(1)について、筆者がこのように考えたのはなぜか。その理由として最も適当なものを、次のア〜エから一つ選び、その符号を書きなさい。

ア　人間は生きているかぎりは人間であり、自然に帰ることはできないから。
イ　人間は自然を信頼するあまり、やるべきことをやらなくなったから。
ウ　自然はおだやかな生活環境を、長い間人間に提供しつづけてきたから。
エ　自然は最終的には、人間をこころよく待ち受けていてくれる存在だから。

(三)　文章中の［＊］に最もよく当てはまる言葉を、次のア〜エから一つ選び、その符号を書きなさい。

ア　随順　　イ　進化　　ウ　調節　　エ　努力

(四)　——線部分(2)について、自然に関しての「いい加減」とはどういう状態か。説明している部分を文章中から抜き出し、「〜状態。」に続く形で十八字で書きなさい。

(五)　「いい加減」という言葉が、好ましいことではないという意味を持つようになったのはなぜか。七十五字以内で書きなさい。

〔四〕　次の文章を読んで、㈠〜㈤の問いに答えなさい。

あなたはいい加減な人だ――そういわれたなら日本人のだれもが不快、どころか、腹をたてることだろう。わたしのどこがいい加減なんですか、と、ムキになって反論する人も多いにちがいない。ということは、「いい加減」という言葉がけっして好ましいことではないことを語っている。

A、考えてみると、これはまことに奇妙なことではあるまいか。「いい加減」というのは字義どおりに解すれば、よい加減という意味であり、つまり、適切な、ということだからである。

ではなぜ、「いい加減」が好ましからざる意味を持つようになったのであろうか。それはおそらく、「よい加減」ということを日本人がいいことと思わなかったにちがいない。どうして、いいことと思わなかったのか。その心の底には、日本的自然主義があるように私は思う。

日本の国土は、世界でもまれな温和な気象と美しい自然にめぐまれている。むろん、狭い島国であっても、北と南とでは気候は異なり、生活の条件もかなりちがう。けれども概《がい》していうなら、これほど優《やさ》しい山河《さんが》に取り巻かれた風土は、地球上で例外といってもよい。このようなおだやかな自然のなかで暮らしつづけてきた日本人は、とうぜん自然に親しみ、自然に甘えてきた。日本人は自然に敵対したり、自然を克服《こくふく》しようなどとは、まったく考えもしなかった。

自然への信頼は、いつか自然への甘えとなる。自然に親しみつづけてきた日本人が、なぜかくも自然を破壊して顧《かえり》みなかったのかというその理由は、日本人の自然に対する甘え以外の何ものでもない。人間の手でいくら自然の一部をこわしても、自然は怒らないし、そんなに傷つくこともあるまいという自然への信頼！　それが日本人をして平気で自然環境をそこなわしめたのである。私が日本的自然主義というのは、まるで幼児が母親に甘えるような日本人の自然に対する甘ったれた心情である。その心情は、すべては自然が解決してくれるという信仰にまで達する。日本的自然主義とは、そうした自然信頼にほかならない。

とはいえ、日本人も、ただ自然に随順すればそれでよいと考えたわけではない。「造化に随《したが》ひ造化に帰れ」といっても、人間は造化＝自然そのものとはちがう。人は死ねば土に還《かえ》るには相違ないが、少なくとも人間は生きているかぎりは人間である。人間である以上、人間的な努力をせねばならぬ。その努力の果てに造化がこころよく待ち受けていてくれるのである。つまり、造化に帰ることはあくまで最終的な解決なのであって、最初から自然に随えばいいということではない。(1)日本人にとって自然とは、いわば〝すべり止め〟的役割を果たしているのだ。〝すべり止め〟としての自然――それが日本的自然主義の正体といってもよかろう。

では、そのような自然とは何なのか。じつはそれが「いい加減」の実体なのである。「いい加減」というのは、そもそも程《ほど》よく調節されていることである。その場合の「加減」とは、おそらく中国哲学《てつがく》の根本要素ともいうべき陰陽《いんよう》二気の加減であろう。中国人は宇宙の根源に「太極」、あるいは「太一」という絶対的実在を想定し、その「太極」「太一」のなかに「気」がこもっていると考えた。「気」は動くとふたつに分かれ、陰と陽の二気が生じる。そして、この陰陽二気の増減で世界が形づくられているというわけである。したがって、「いい加減」とは、陰と陽の加減が最もよくつり合っている状態ということを意味したにちがいない。自然はさまざまに変化するが、最終的には陰陽二気の調和をめざしている。すなわち、「いい加減」の状態に落ちつくものこそ自然なのだ。

だとすれば、「いい加減」の状態とは、すなわち自然の状態ということになる。したがって、「いい加減な人間」とは、自然のままになっている人間、別言すれば、人為《じんい》を放擲《ほうてき》した人間ということになる。な

第4回

㈠　——線部分(1)の「鬼」とは本当は誰のことか。文章中から抜き出して、古文で書きなさい。

㈡　——線部分(2)の「思ひて」と——線部分(4)の「据ゑたる」を、それぞれ現代かなづかいに直し、すべてひらがなで書きなさい。

㈢　——線部分(3)の『ただかたちを』には、その後に省略されている言葉がある。省略された内容を補って、——線部分(3)を十五字以内で口語訳しなさい。

㈣　——線部分(5)の「いとほし」の意味として最も適当なものを、次のア～エから一つ選び、その符号を書きなさい。

ア　情けない　　イ　愛《いと》おしい

ウ　気の毒だ　　エ　仕方ない

㈤　不細工な若者はどのようにして美男子を求める長者の娘の婿になったか。現代語で四十字以内で書きなさい。

〔三〕 次の古文は、「宇治拾遺物語」の一部である。昔、博打《ばくち》うちの息子で、目鼻を一つ所に取り集めたような人並み外れた不細工な若者がいた。両親はどうすれば息子が幸せになるかを心配していたところ、長者の家が美男子を娘の婿《むこ》に取りたいと探しているという噂《うわさ》を聞いた。そこで両親は息子を「天下一の美男子」と売り込んで、息子の顔を見せないまま、長者の婿にしてもらう約束を取り付けた。次の古文は、婚礼の夜、顔を隠して着飾《きかざ》った息子が、婿として長者の家に入ったときの出来事を記したものである。この文章を読んで、㈠～㈤の問いに答えなさい。

博打一人《博打うちの仲間の一人が》、長者の家の天井に上りて（中略）いかめしく《威厳があって》恐ろしげなる声にて、「天《あめ》の下の顔よし《天下一の美男子よ》」と呼ぶ。（中略）婿いみじく怖《お》ぢて《婿はひどく恐れて》、「おのれをこそ、世の人、『天の下の顔よし』《自分のことを世間の人は『天下一の美男子』》といふと聞け《と言っていると聞いている》。いかなる事ならん《一体どういうことだろうか》」といふに、（中略）(1)鬼《おに》のいふやう、「この家の女《むすめ》は、我が領《りやう》じて三年になりぬるを《自分の嫁にしようとしてから三年にもなるが》、汝《なんじ》いかに(2)思ひて《おまえはどういうつもりで》、かくは通《かよ》ふぞ《この家に通っているのか》」といふ。（中略）鬼、「いといと憎《にく》き事なり《何とも憎らしいことだ》。一ことして帰らん《ひとつ懲《こ》らしめてから帰ろう》。汝、命とかたちと《命と顔の器量と》いづれか惜しき《どちらが惜しいか》」といふ。婿、「いかがいらふべき《どのように返事をしましょうか》」といふに、舅《しうと》、姑《しうとめ》、「何ぞの御かたちぞ《顔の器量など何ですか》。命だにおはせば《命さえ無事なら》。(3)『ただかたちを《ただ顔の器量を》』とのたまへ《とおっしゃいなさい》」といへば、教へのごとくいふに《教えられた通りに言うと》、鬼、「さらば吸ふ吸ふ《それならば吸う吸う》」といふ時に、婿顔を抱《かか》へて、「あらあら」といひて臥《ふ》し転《まろ》ぶ《転げまわる》。鬼はあよび帰りぬ《天井を踏み鳴らして帰って行った》。

さて、「顔はいかがなりたるらん《顔はどうなっているだろう》」とて、紙燭《しそく》をさして人々見れば、目鼻一つ所にとり(4)据《す》ゑたるやうなり。婿は泣きて、「ただ命とこそ申すべかりけれ《ただ命をと申すべきだった》。かかるかたちにて《このような器量になって》世の中にありては何かせん《生きていても何になるだろう》。（中略）」とかこちければ《嘆いたところ》、(5)舅いとほしと思ひて（中略）めでたくかしづきければ《心を尽くして大切に世話したので》、うれしくてぞありける《（婿は）喜んだとのことだ》。

㈾

博打うち＝博打とは金品をかけて勝負、賭《か》けごとをすること。博打うちとは（この文章では）、博打で生活している人。

長者＝金持ちの家。

器量＝顔立ち、顔のつくり。

舅、姑＝娘の父と母。

紙燭＝紙に油をひたして火をつけたもの。昔の照明器具。

ありながらきわめて多様な世界像を持ちうるという点に人間という動物の特殊性がある、とさえいえそうだ。

（西　研「哲学の練習問題」より　一部改）

(一)　文章中の［A］に最もよく当てはまる言葉を、次のア〜エから一つ選び、その符号を書きなさい。

ア　だから　イ　すると　ウ　たぶん　エ　ちょうど

(二)　――線部分(1)の「場所」と、構成（組み立て、成り立ち）が同じ熟語を、次のア〜オから一つ選び、その符号を書きなさい。

ア　洗顔　イ　出発　ウ　食物　エ　乗車　オ　県立

(三)　――線部分(2)の「極端な」と同じ品詞を、次の［　］内の文から抜き出して書きなさい。

私たちは、いろんな経験を数多く積むことで、知識を豊かにしていっている。

(四)　――線部分(3)の「これら」が指している内容を説明したものとして最も適当なものを、次のア〜エから一つ選び、その符号を書きなさい。

ア　世界の在り方は多様な生物の存在で決まるということ。

イ　世界の認識は人間のみの高度な感覚であるということ。

ウ　空間の捉え方は生き物によって変わるということ。

エ　空間の区別は下等な生き物にはできないということ。

(五)　この文章の内容を説明したものとして最も適当なものを、次のア〜エから一つ選び、その符号を書きなさい。

ア　ひとりひとりの人間による世界の捉え方の違いは、それぞれの身体の在り方が要因である。

イ　人間は同種でありながら個々で違った世界像を持つため、他の生き物とは大きく異なる。

ウ　生物の空間の捉え方は「前」「後」を基本とした進行方向に根拠がある。

エ　生物は生きるために必要な条件によって、身体の在り方が違ってくる。

国　語

〔一〕　次の㈠、㈡の問いに答えなさい。

㈠　次の1〜6について、――線をつけた漢字の部分の読みがなを書きなさい。

1　外国からの来客を丁重にもてなす。
2　どちらの足が速いか友人と競う。
3　秋になり街路樹が赤く色づいた。
4　恥ずかしさのあまり、思わず顔を背けた。
5　あなたの説明ですべてを納得できました。
6　機械の故障の有無を調べて報告する。

㈡　次の1〜6について、――線をつけたカタカナの部分に当てはまる漢字を書きなさい。

1　その国は冬が短くコウセツ量も少ない。
2　今回のテスト問題はフクザツで難しかった。
3　来週の富士登山に向けてソウビを整える。
4　洗濯《せんたく》した服をハンガーにカけた。
5　レポートに必要な内容をシュシャ選択する。
6　問題の解決方法を皆で集まってケントウする。

〔二〕　次の文章を読んで、㈠〜㈤の問いに答えなさい。

海中を漂うクラゲを想像してみてほしい。クラゲ君の生きている「空間」とはどういうものだろうか。そこには「前」と「後」があるだろうか？――　いきなり変な想像をさせてしまいましたが、[A]「前後」という捉《とら》え方はしないはず。クラゲにとっては、周囲三六〇度がぜんぶ「平等」だろうからだ（「上下」の感覚はあるでしょうね、ひっくりかえればわかるだろうから）。

では、私たち人間は前後の区別をしているわけだけれど、その根拠はどこにあるのだろうか。一つは、進行方向が一方向に決まっている、ということだろう。手足を使ってふつうに動くと、すなわち「前」進したことになる。さらに、眼《め》や鼻などの感覚器官も一定の(1)場所に集まって「顔」になっている。顔ができれば、それに対して前のほうとか後ろのほうという区分ができてくるはずだ。そうやってみると、前後という捉え方をするのは、魚類や爬虫類《はちゅうるい》や哺乳類《ほにゅうるい》のような「脊椎《せきつい》」のある動物、ということになりそうだ（あ、昆虫《こんちゅう》も入りますね）。

もう一つ、もっと(2)極端な想像をしてみよう。アメーバが生きている「空間」とはどういうものだろうか。想像するしかないのだけれど、「タテ・ヨコ・高さをそなえた立体的三次元空間」なんてものではないはず。

(3)これらはまったくの素人《しろうと》考えなので、生物学の先生に「いい加減なことをいうな」と怒られるかもしれない。でも、こういう想像をしてみただけで、世界の「認識」とは世界をそのまま正確に写し取ることではなくて、もともと身体の在り方と生きるための必要とに深く条件づけられているということがわかってくるだろう。

でも、さらに考えてみたくなることがある。「種」によって世界の捉え方が異なるのは、そのとおり。でも人間は、文化がちがうごとに、また個人個人によっても、世界の捉え方がものすごくちがう。同種で

数　　学

〔**1**〕次の(1)～(10)の問いに答えなさい。

(1)　$-7-5$　を計算しなさい。

(2)　$\dfrac{3}{8}\times(-4^2)+10$　を計算しなさい。

(3)　$2(a-6)-(9a-4)$　を計算しなさい。

(4)　$36a^2b^3\div 4ab\div a$　を計算しなさい。

(5)　xについての方程式　$\dfrac{2x+a}{3}+\dfrac{7x+4a}{9}=1$　の解が$x=-2$となるとき，aの値を求めなさい。

(6)　連立方程式 $\begin{cases} 5x+8y=7 \\ x+4y=-1 \end{cases}$　を解きなさい。

(7)　yはxに比例し，$x=-6$のとき$y=3$である。$x=8$のときのyの値を求めなさい。

⑻　右の図のように，半径が4㎝，中心角が135°のおうぎ形がある。このおうぎ形の面積を求めなさい。ただし，円周率はπとする。

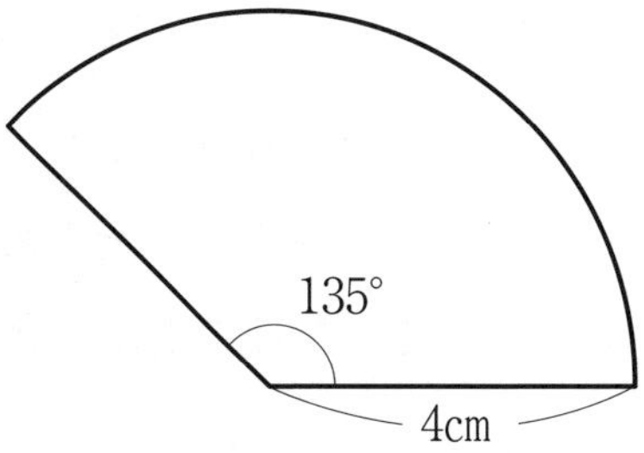

⑼　右の図で，$\ell /\!/ m$であるとき，$\angle x$の大きさを求めなさい。

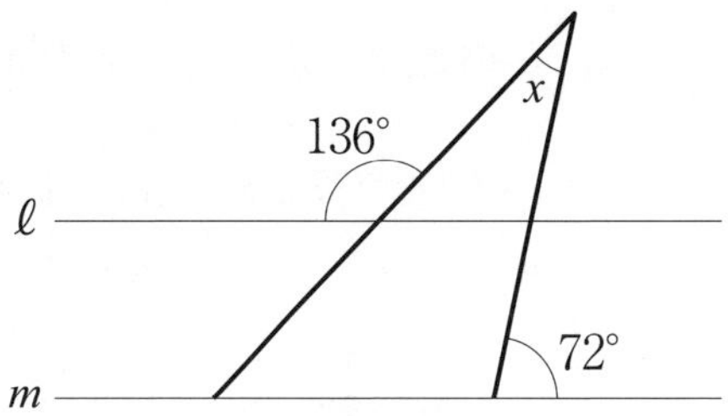

⑽　下の図のような△ABCを，点Cを通る直線を折り目として，点Aが辺BC上にくるように折る。このときできる折り目と辺ABとの交点Pを，定規とコンパスを用いて作図しなさい。ただし，作図は解答用紙に行い，作図に使った線は消さないでおくこと。

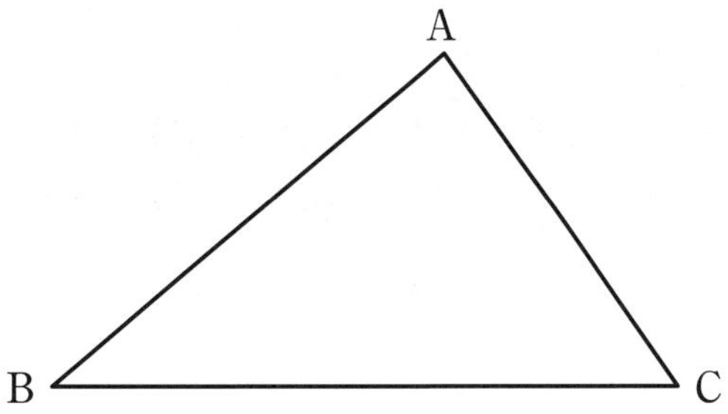

〔**2**〕次の(1)〜(4)の問いに答えなさい。

(1) いちごが何個かある。このいちごを，x人の子どもに1人7個ずつ配って2個余る予定であった。しかし，実際は子どもの人数が予定より6人多かったため，1人5個ずつ配ることにしたところ，余りなく配ることができた。xの値を求めなさい。

(2) 次の数量の関係を，不等式に表しなさい。

aとbの和を3倍した数は，c以上である。

(3) 右の表は，ある中学校の生徒25人の，ある日の家庭学習時間を調べ，度数分布表にまとめたものである。

このとき，次の①〜③の問いに答えなさい。

① 家庭学習時間が60分未満の生徒は，全体の何％か，求めなさい。

② 家庭学習時間の中央値が入っている階級を答えなさい。

③ この度数分布表を，0分以上60分未満を1つの階級とする階級の幅が60分の度数分布表にまとめ直したときの最頻値を求めなさい。

階級(分)	度数(人)
以上　　未満	
0 〜 30	2
30 〜 60	7
60 〜 90	5
90 〜 120	6
120 〜 150	3
150 〜 180	1
180 〜 210	1
計	25

(4) 次の文は，「百の位の数が十の位の数の2倍である3けたの数」の性質について述べたものである。文中の[①]〜[③]には当てはまるa，bを用いた式を，[④]には当てはまる数をそれぞれ答えなさい。

> 「百の位の数が十の位の数の2倍である3けたの数」をXとする。
> Xの十の位の数をa，一の位の数をbとすると，百の位の数は$2a$となるから，
> 　$X=$ [①] と表される。
> ただし，aは1以上4以下の整数，bは0以上9以下の整数とする。
> また，「Xの十の位の数を百の位の数に，Xの一の位の数を十の位の数に，Xの百の位の数を一の位の数にした3けたの数」をYとすると，$Y=$ [②] と表される。
> ここで，$X-Y$を計算すると，
> 　$X-Y=$ ([①]) − ([②])
> 　　$=$ [③]
> 　　$=$ [④] $(12a-b)$
> $12a-b$は整数だから，[④] $(12a-b)$ は [④] の倍数である。
> したがって，$X-Y$は [④] の倍数である。

〔3〕右の図のような平行四辺形ＡＢＣＤがあり，線分ＡＣとＢＤの交点をＯとする。辺ＡＤ上に点Ｅを，辺ＢＣ上に点Ｆを，ＡＥ＝ＣＦとなるようにそれぞれとる。また，線分ＯＡの延長上に点Ｇを，線分ＯＣの延長上に点Ｈを，ＡＧ＝ＣＨとなるようにそれぞれとる。このとき，次の(1)，(2)の問いに答えなさい。

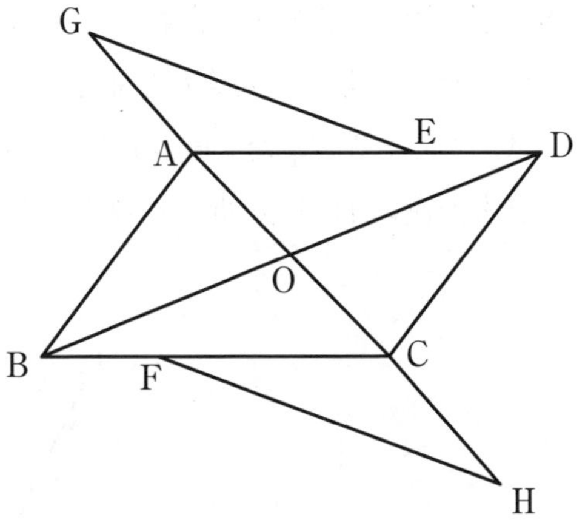

(1)　△ＡＥＧ≡△ＣＦＨであることを証明しなさい。

(2)　ＡＥ：ＥＤ＝２：１，ＯＡ＝ＡＧ，平行四辺形ＡＢＣＤの面積が84㎠であるとき，点Ｅと点Ｈ，点Ｆと点Ｇをそれぞれ結んでできる四角形ＥＧＦＨの面積を求めなさい。

〔4〕下の図のように，ＡＢ＝８cm，ＡＤ＝14cm，ＢＦ＝６cmの直方体ＡＢＣＤ－ＥＦＧＨがあり，ＤＧ＝10cmである。辺ＢＣ上に点Ｐをとる。このとき，次の(1)～(3)の問いに答えなさい。

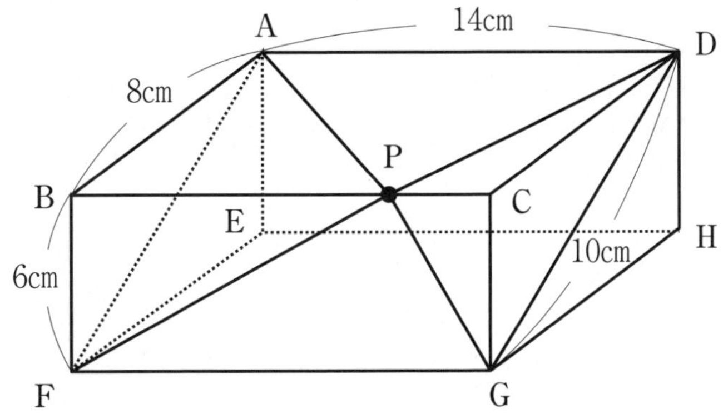

(1)　直線ＡＦとねじれの位置にある直線を，次のア～オから二つ選び，その符号を書きなさい。

ア　直線ＡＤ　　イ　直線ＢＦ　　ウ　直線ＣＧ　　エ　直線ＤＧ　　オ　直線ＥＨ

(2)　ＤＰ＝10cmのとき，三角すいＣＤＧＰの体積を求めなさい。

(3)　四角すいＰ－ＡＦＧＤの底面を四角形ＡＦＧＤとしたときの高さを求めなさい。

〔5〕下の図で，直線ℓは関数$y=-2x-6$のグラフ，曲線mは関数$y=\frac{a}{x}$（$x<0$），直線nは方程式$x=2$のグラフである。直線ℓと曲線m，y軸，直線nの交点をそれぞれA，B，Cとすると，点Aのx座標は-4である。また，直線n上にy座標が8である点Dをとり，直線ADとy軸の交点をEとする。このとき，次の(1)〜(4)の問いに答えなさい。

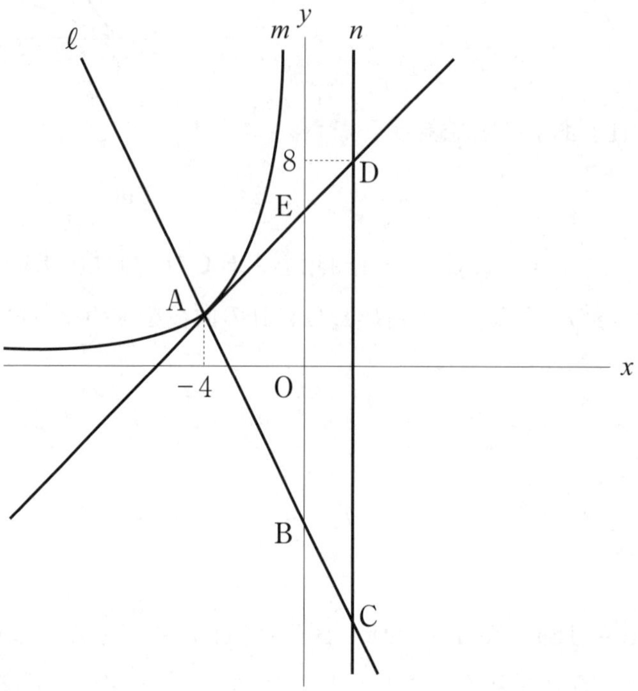

(1)　aの値を求めなさい。

(2)　直線ADの式を求めなさい。

(3)　△ACDの面積を求めなさい。

(4)　△ABEを，直線nを軸として1回転させてできる立体の体積を求めなさい。ただし，円周率はπとする。

〔6〕弟は，家を出て，ある一定の速さで家から1500m離れた図書館に向かった。弟は，途中で，忘れ物をしたことに気づき，毎分100mの一定の速さで家に向かって引き返した。

兄は，弟が家を出てから何分後かに，弟の忘れ物に気づき，自転車に乗って毎分150mの一定の速さで弟を追いかけた。すると，家に向かって引き返してくる弟と出会い，すぐに弟に忘れ物を渡した。

忘れ物を受け取った弟は，再び，家を出たときと同じ一定の速さで図書館に向かった。

下の図は，弟が家を出てからx分後の，家から弟がいる地点までの距離をymとして，xとyの関係をグラフに表したものである。

このとき，次の(1)～(4)の問いに答えなさい。ただし，家から図書館までの道路は一直線であり，忘れ物の受け渡しにかかった時間は考えないものとする。

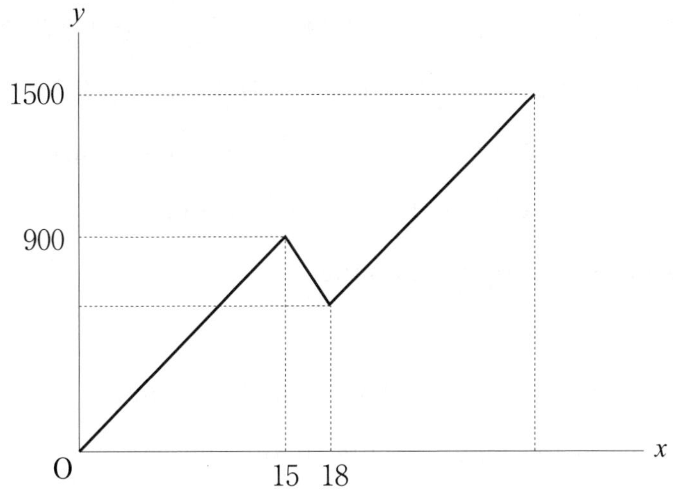

(1) 弟が，忘れ物をしたことに気づき，家に向かって引き返し始めたのは，弟が家を出てから何分後か，答えなさい。

(2) $15 \leqq x \leqq 18$のとき，yをxの式で表しなさい。

(3) 弟は，予定より何分おそく図書館に着いたか，求めなさい。ただし，弟は，家を出たときと同じ一定の速さで図書館まで行く予定であったものとする。

(4) もし弟が，忘れ物をしたことに気づかず，家を出たときと同じ一定の速さで図書館まで向かっていたら，兄は，弟が図書館に着くまでに弟に追いつくことができたか，次のア，イのうち，正しい方の符号を書きなさい。また，アを選んだ場合は，家から兄が弟に追いついた地点までの距離を，イを選んだ場合は，弟が図書館に着いたときに兄がいた地点から図書館までの距離を求めなさい。

ア　追いつくことができた。

イ　追いつくことができなかった。

英　　語

〔1〕 放送を聞いて，次の(1)～(3)の問いに答えなさい。

(1) これから英文を読み，それについての質問をします。それぞれの質問に対する答えとして最も適当なものを，次のア～エから一つずつ選び，その符号を書きなさい。

1 ア March 2.　イ March 3.　ウ March 4.　エ March 5.

2 ア Oranges.　イ Apples.　ウ Fruit.　エ Bananas.

3 ア He is sleeping.　イ He is listening to a CD.
　ウ He is going to school.　エ He is studying.

4 ア A book.　イ A cap.　ウ A bag.　エ A shirt.

(2) これから英語で対話を行い，それについての質問をします。それぞれの質問に対する答えとして最も適当なものを，次のア～エから一つずつ選び，その符号を書きなさい。

1 ア Nick's brother.　イ Nick's sister.　ウ Sanae's brother.　エ Sanae's sister.

2 ア Basketball.　イ Volleyball.　ウ Tennis.　エ Soccer.

3 ア Because he enjoyed reading very much.
　イ Because he was very hungry.
　ウ Because there weren't any good books in the library.
　エ Because there were too many people in the library.

4 ア

イ

ウ

エ

(3)　これから，ヒデキ（Hideki）が英語の授業でスピーチをします。そのスピーチについて，四つの質問をします。それぞれの質問の答えとなるように，次の1～4の［　　　］の中に当てはまる英語を1語ずつ書きなさい。ただし，数字も英語のつづりで書くこと。

1　It was ［　　　］.

2　At ［　　　］ o'clock.

3　They went there to learn about the ［　　　］ of Nagano.

4　He wants to walk to a ［　　　］ in Nagano.

〔2〕 次の英文を読んで，あとの(1)～(7)の問いに答えなさい。

Yuta is a high school student in Niigata. Ms. Carter is from Vancouver, and she A teach *English at Yuta's school. Vancouver is a city in Canada. Yuta talks to Ms. Carter after school.*

Yuta : Ms. Carter, I'm going to stay with a family in Vancouver, Canada during the summer vacation.

Ms. Carter : That's good. Vancouver is a nice city. When will you leave Niigata?

Yuta : On July 30. This will be my first visit to a foreign country. So I'm worried.

Ms. Carter : If you have questions about Vancouver, please ask me.

Yuta : Thank you very much. In summer, it's very hot here. How about Vancouver?

Ms. Carter : Well, B than, is, cooler, it Niigata.

Yuta : There is a time difference between Niigata and Vancouver, right?

Ms. Carter : C That's right. Niigata is 16 hours ahead in summer, and 17 hours ahead in winter.

Yuta : Oh, time is different in summer and winter.

Ms. Carter : What are you going to do during your homestay?

Yuta : I'm going to study English. I hear English and French are official languages there.

Ms. Carter : Yes. And you will also hear some other languages.

Yuta : Some other languages? I can speak only English. It that OK?

Ms. Carter : It's OK. In Vancouver, you can see a lot of people from around the world, and about 47% of the people are Asian.

Yuta : I didn't know D that.

Ms. Carter : But don't worry. The people there can understand English. If you talk to them in English, you can make friends with them and know more about their lives.

Yuta : I want to E English, use, make, to many friends.

Ms. Carter : You can do it.

Yuta : I'm going to stay there for three weeks. During my homestay, what else can I do there?

Ms. Carter : Well, how about going to Whistler Village? It's near Vancouver and famous for skiing. In summer, you can enjoy fishing there. When I was a child, I went there with my family, and I F catch a lot of fish.

Yuta : That sounds (G). I like fishing. I'll do that. How can I get there?

Ms. Carter : You can take a bus. It takes about three hours.

Yuta : I see. I'll ask my host family about it. I hope they will go fishing with me. I want to enjoy my homestay.

Ms. Carter : H I hope you will study English and enjoy Vancouver. When you come back to Japan, please tell me about your homestay.

Yuta : Sure, I will.

(注) high school　高校　Vancouver　バンクーバー(カナダの都市)　foreign　外国の
be worried　心配している　time difference　時差　ahead　進んでいる
homestay　ホームステイ　French　フランス語　official language　公用語
Asian　アジア人(の)　make friends with ～　～と仲良くする，友だちになる
Whistler Village　ウィスラー村(バンクーバーの北にあるリゾート地)　ski　スキーをする
fish　釣りをする　host　ホームステイ先の

(1) 文中のA，Fの [　　] の中の語を，それぞれ最も適当な形(１語)に直して書きなさい。

(2) 文中のB，Eの [　　] の中の語を，それぞれ正しい順序に並べ替えて書きなさい。

(3) 下線部分Cについて，その内容を，具体的に日本語で書きなさい。ただし，文末を「～こと。」の形にすること。

(4) 下線部分Dに関して，カーター先生(Ms. Carter)が述べた内容を次のように日本語で表すとき，(　　)に適する日本語を書きなさい。

バンクーバーでは世界中から来た人がたくさん見られ，(　　　　　　　　)ということ。

(5) 文中のGの(　　)に入る最も適当なものを，次のア～エから一つ選び，その符号を書きなさい。

ア　expensive　　イ　tired　　ウ　exciting　　エ　sad

(6) 文中のHの [　　] に入る最も適当なものを，次のア～エから一つ選び，その符号を書きなさい。

ア　You're welcome.　　イ　Have a nice trip.

ウ　They won't say yes.　　エ　You did a good job.

(7) 本文の内容に合っているものを，次のア～オから一つ選び，その符号を書きなさい。

ア　Yuta went to foreign countries before, but he will go to Canada for the first time.

イ　English, French and some other languages are official languages in Canada.

ウ　Yuta is going to stay in Canada more than one month.

エ　Yuta wants to enjoy fishing with his host family in Whistler Village.

オ　Ms. Carter doesn't want to hear about Yuta's homestay in Canada.

〔３〕 次の(1)～(3)の日本語を英語に直しなさい。

(1) あの白い犬は私たちのものです。

(2) テーブルの下にえんぴつが１本ありました。

(3) 私は宿題をしなければなりません。

〔4〕 次の，新潟に住む中学3年生のユカリ（Yukari）が書いたスピーチ原稿を読んで，あとの(1)～(7)の問いに答えなさい。

Hello, everyone. Do you like to eat vegetables? My grandfather is a farmer and grows many kinds of vegetables. He is always quiet and looks angry. When I was a little child, I was really afraid of him. To speak to him was difficult for me, but now, vegetables are a bridge between us. [a]

When I became a junior high school student, I wanted to do something. So I started to grow cucumbers and tomatoes in my garden without any help. I was going to eat them with my family in summer. But soon I became busy with my school club. To continue to take care of my vegetables was difficult for me. [b]

The next weekend, my mother and father took me to my grandfather's house. When we got there, my grandfather was waiting for me in front of his house. He looked angry with me and took me to his field. I saw many nice cucumbers and tomatoes in his field. I was surprised and said, "Wonderful." [c] He started to talk to me slowly with a smile. "Yukari, I heard from your father that your vegetables didn't grow well and that you looked sad. Vegetables need your hard work and love. Now I want to tell you $\underset{A}{\underline{\text{an important thing}}}$. If you don't take care of your vegetables every day, they won't grow well." After I heard his words, I decided to work harder for my vegetables. I felt his true kindness. He always looked angry, (B).

The next day, I started to grow cucumbers again. Early every morning, I went to the garden to give them some water. Every Sunday I got up earlier. I tried many things to grow cucumbers during the hot season. It was very hard for me. [d] I was going to give my cucumbers to my grandfather. I hoped that he would try them.

When I harvested nice cucumbers for the first time, I was very happy. So I invited my grandfather to our house. I used my vegetables and made a salad. Before he tried it, I became very nervous. But he ate the salad happily and said it was really good. So $\underset{C}{\underline{\text{I was very happy}}}$.

Now, I talk with my grandfather more often than before. At first, we always talked about vegetables, but these days we often talk about my life. When I ask him about something, he always gives me warm and (D) words.

I'm proud of my grandfather. My dream is to become a farmer like him. He works hard and loves vegetables. [e] I want to grow good vegetables in Niigata. I hope that a lot of people in the world will eat my vegetables and become happy. In the future, I want to become a bridge between Niigata and the world through my vegetables.

(注) farmer　農業従事者　　grow　～を育てる，育つ　　quiet　無口な　　bridge　橋，架け橋
cucumber　キュウリ　　tomato　トマト　　slowly　ゆっくり　　heard　hear の過去形
felt　feel の過去形　　true　本当の　　kindness　優しさ　　harvest　～を収穫する
salad　サラダ　　happily　喜んで，うれしそうに　　at first　最初は　　these days　最近
be proud of ～　～を誇りに思う　　through ～　～を通して

(1) 次の英文は，文中のa～eの □ のどこに入れるのが最も適当か。当てはまる符号を書きなさい。

Later, they all became sick, and I was very sad.

(2) 下線部分Aについて，その内容を，具体的に日本語で書きなさい。ただし，文末を「～こと。」の形にすること。

(3) 文中のBの(　　)の中に入る最も適当なものを，次のア～エから一つ選び，その符号を書きなさい。

ア　but I found he was a really nice person
イ　and I didn't talk with him
ウ　but I thought I could help him in the field
エ　and I wanted to stop growing vegetables

(4) 下線部分Cについて，ユカリがそのようになった理由を，具体的に日本語で書きなさい。ただし，文末を「～から。」の形にすること。

(5) 文中のDの(　　)に入る最も適当なものを，次のア～エから一つ選び，その符号を書きなさい。

ア　bad　　イ　free　　ウ　useful　　エ　difficult

(6) 次の①～③の問いに対する答えを，それぞれ３語以上の英文で書きなさい。

① Was Yukari afraid of her grandfather when she was a little child?
② Where was Yukari's grandfather waiting for her when Yukari and her parents visited him?
③ What do Yukari and her grandfather talk about these days?

(7) 本文の内容に合っているものを，次のア～オから一つ選び，その符号を書きなさい。

ア　At first, Yukari started to grow vegetables in her grandfather's field.
イ　Yukari was surprised when she saw many nice cucumbers and tomatoes in her grandfather's field.
ウ　Yukari decided to grow cucumbers again, but she could not grow them well.
エ　Yukari took her vegetables to her grandfather's house, and made a salad for him.
オ　Yukari wants to be a farmer and work in other countries.

第４回　実戦問題　国語

区分コード・受験番号（右よせ）・氏名を正確に記入しなさい。

区分コード	受験番号	氏名	得点

〔一〕

（一）

1	丁重	
2	競	う
3	街路樹	
4	背	けた
5	納得	
6	有無	

（二）

1	コウセツ	
2	フクザツ	
3	ソウビ	
4	カ	けた
5	シュシャ	
6	ケントウ	

〔二〕

（一）
（二）
（三）
（四）
（五）

〔三〕

（一）
（二）思ひて
据ゑたる
（三）15
（四）
（五）40

〔四〕

（一）A
B
（二）
（三）
（四）状態。
（五）75

第４回　実戦問題　数学

区分コード・受験番号(右よせ)・氏名を正確に記入しなさい。

区分コード	受験番号	氏名	得点

〔１〕

(1)		(2)		(3)	
(4)		(5)	$a=$	(6)	$x=$ 　　, $y=$
(7)	$y=$	(8)	cm²	(9)	$\angle x=$ 　　度

(10)

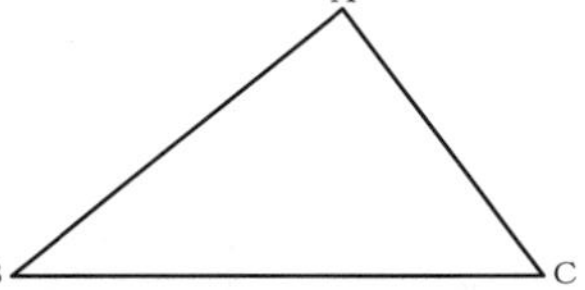

〔２〕

(1) 答 $x=$

(2) 答

(3)
① 答 %
② 答 分以上 分未満
③ 答 分

(4)
① 答
② 答
③ 答
④ 答

〔３〕

(1) (証明)

(2) 答 cm²

〔４〕

(1) 答

(2) 答 cm³

(3) 答 cm

〔５〕

(1) 答 $a=$

(2) 答 $y=$

(3) 答

(4) 答

〔６〕

(1) 答 分後

(2) 答 $y=$

(3) 答 分

(4) 記号 答
距離 答 m

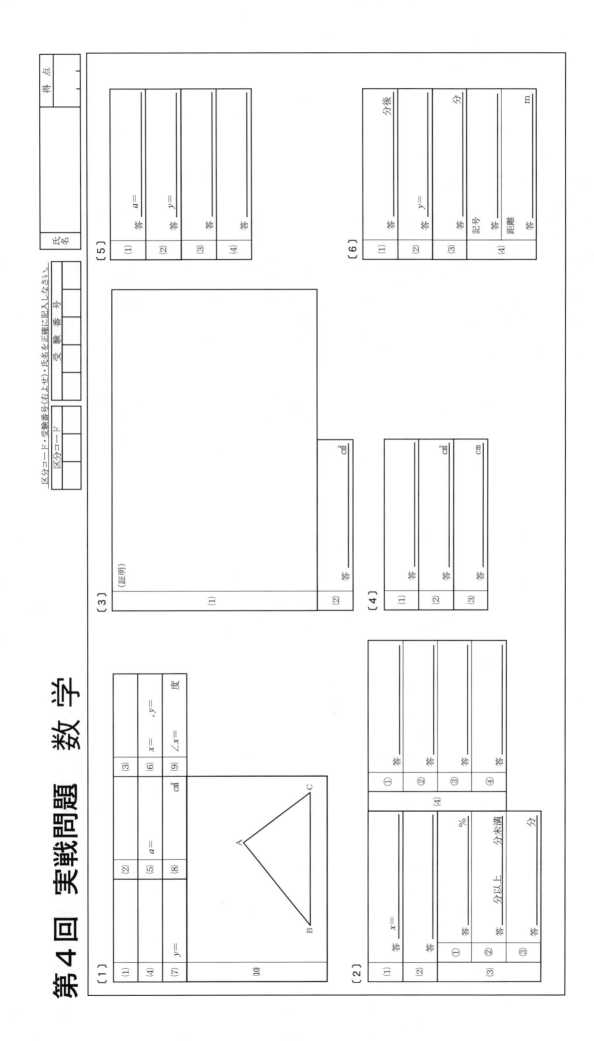

第4回　実戦問題　英語

区分コード・受験番号(右よせ)・氏名を正確に記入しなさい。

区分コード			受験番号					氏名		得点

〔1〕

(1)	1		2	
	3		4	
(2)	1		2	
	3		4	
(3)	1		2	
	3		4	

〔2〕

(1)	A		F	
(2)	B			
	E			
(3)				
(4)				
(5)				
(6)				
(7)				

〔3〕

(1)	
(2)	
(3)	

〔4〕

(1)		
(2)		
(3)		
(4)		
(5)		
(6)	①	
	②	
	③	
(7)		

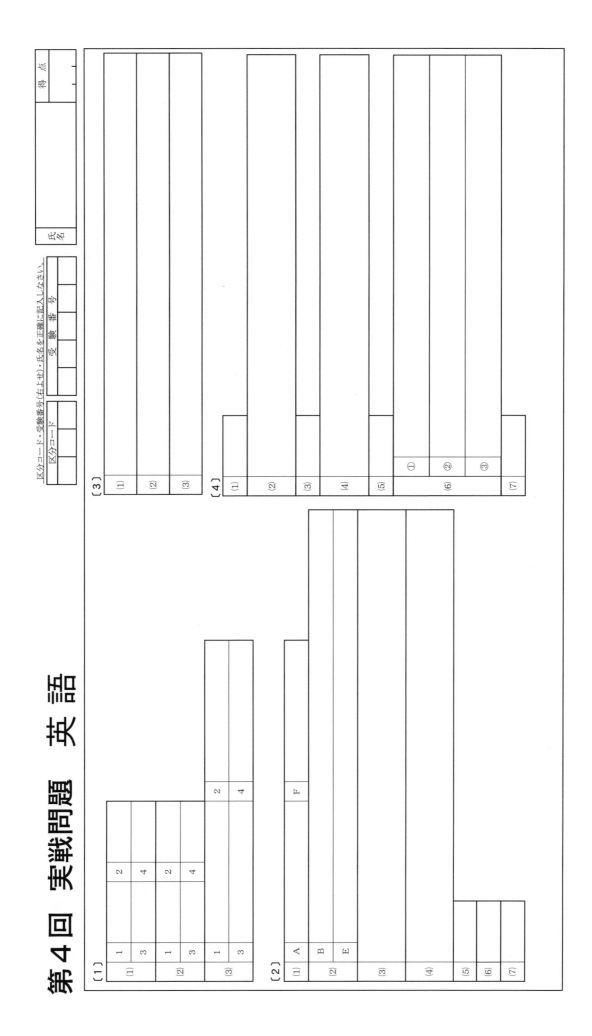

いると当たり前のように行われている動きが、どれほどすごいのかを想像できなければなりません。そのためには、素人《しろうと》なりに自分の身体を動かしてみるとよいでしょう。

たとえば、アメリカではサッカーよりもアメリカンフットボールのほうが高い人気を誇ります。選手たちの超人的なプレーを見るのが私は好きなのですが、日本での人気は高いとまでは言えません。

それは単純にアメフトに触れる機会が少なく、その面白さを理解する目が養われていないからで、とてももったいないと思うのです。

こうしたことはスポーツに限ったことではなく、他の分野においても同じです。あることのすごさをそのまま受け取るには、まずそのすごさを感じられるような知識や技を身につけることが重要で、それを助けてくれるアドバイザーが必要になってきます。

旅行でもスポーツでも勉強でも、(4)案内者がいないとその良さがわからずに終わってしまうことがあります。それは非常にもったいないことです。

（齋藤　孝「生きることの豊かさを見つけるための哲学《てつがく》」より　一部改）

(注)　プロセス＝過程。
大谷翔平＝アメリカのメジャーリーグでプレーをするプロ野球選手。
ナダルやジョコビッチ＝両者共に世界的なプロテニスプレーヤー。
アドバイザー＝相談役。助言者。

(一)　文章中の［A］に最もよく当てはまる言葉を、次のア～エから一つ選び、その符号を書きなさい。

ア　まさか　　イ　まったく　　ウ　もちろん　　エ　おそらく

(二)　次の［　］内の文は、――線部分(1)について筆者がこのように考える根拠を説明したものである。［ア］・［イ］に当てはまる言葉を、それぞれの指定字数にしたがって文章中から抜き出して、書きなさい。

> 観客の一喜一憂《いっきいちゆう》の動きは［ア（三字）］生まれるものであり、人間の身体は人種を問わず［イ（五字）］しているので、みんな似たような動作になる。

(三)　――線部分(2)の「こうした感覚」とはどういうことか。それを言い表している部分を文章中から二十八字で抜き出し、はじめと終わりの五字を、それぞれ書きなさい。

(四)　文章中の［B］に最もよく当てはまる内容を、次のア～エから一つ選び、その符号を書きなさい。

ア　未来の分からない
イ　選手が練習してきた
ウ　自分の緊張を保つ
エ　ルールが確立していく

(五)　――線部分(3)について、一流選手のプレーを「追体験」するためには、どんなことが必要か。五十字以内で書きなさい。

(六)　――線部分(4)の「案内者」とはどのような役割を持っているか。六十字以内で書きなさい。

〔四〕 次の文章を読んで、㈠～㈥の問いに答えなさい。

スポーツの楽しみというのは、選手だけでなく観客にとっても、とても身体的なものです。

サッカーは世界的に見て最もメジャーなスポーツです。私はサッカーを観戦している時、もちろんプレーを見ているのですが、同時に観客の動作を観察することがあります。両チームの戦力が拮抗《きっこう》したいい試合ほど簡単には点数が入らないものですが、それは決して退屈ではありません。

緊迫した試合の中で、応援しているチームの選手が決定的なチャンスのシュートを外すと、サポーターたちがいっせいに「あーっ」とため息を漏《も》らし、頭を抱えてのけぞる。(1)その様子は驚くくらい各国共通しています。あるいは、ゴールが決まった時のガッツポーズもみんな似たような動作をします。

なぜ、習ったわけでもないのにそうなるのか？　それは身体の基盤《きばん》が共通しているからではないでしょうか。

ゴールが決まった時はこぶしを突き上げましょう、残念な時は頭を抱えましょう、などと教えられたわけではありません。他の人がするのを見て真似《まね》をするというのはありますが、それも自分の身体感覚にフィットするからでしょう。そういう時の反応は、頭で判断してというよりも、身体が自《おの》ずと動き出してしまうからです。

また、上手《うま》いサッカー選手の動きを見ていると、次第に自分がその選手の中に入り込んで自分がやっているような感覚、言うなれば身体的な感情移入が起こります。

アルゼンチン代表で、スペインのFCバルセロナでプレーするリオネル・メッシは世界最高峰《さいこうほう》のプレーヤーですが、彼のプレーをずっと見ていると自分もメッシの気分になって、その他の選手が下手に感じられてしまうことがあります。[A]、他の選手もプロですからとてつもなく上手いわけですし、自分がメッシの視点を持つのは錯覚《さっかく》です。

ボクシングを見ていて贔屓《ひいき》の選手が打たれると痛みを感じたり、アクションゲームをしていて自分の操作するキャラがダメージを受けると「痛い」と言ってしまったりするのも、同じことです。

(2)こうした感覚は、ニュースで試合結果を見ただけでは味わうことのできないものです。自分の身体を重ね合わせるようにして見る試合は、緊張と解放の連続であり、一試合が終わった時にはジェットコースターに乗った後のように疲労します。もしかしたら、そんなハラハラし通しの試合であっても結果は０対０かもしれず、その結果だけだと興奮は起きないでしょう。

[B]プロセスをともに生きることで興奮は生まれます。

ある時、私が楽しみにしていたサッカーワールドカップでの日本の試合の時間に、ちょうど講演の仕事が入ってしまいました。結果を聞かずに録画を見ようと思っていたのですが、会場の片隅《かたすみ》から「日本が負けた」と耳に入ってしまったのです。

試合結果が分かってもプレー自体を楽しむことはできますが、やはり「運命と向き合う」という要素が大きく失われてしまうため、スポーツの躍動感を十全に楽しむことができなくなるものです。

スポーツを観戦していて起こるこうした身体「移入」感覚は、私たちが現実では見ることのできない世界を感じさせてくれます。

普通の人は、大谷翔平《おおたにしょうへい》投手のように一六〇キロのボールを投げることも打つこともできませんし、ナダルやジョコビッチ相手に長時間テニスの試合をすることもできません。けれども、自分の身体をライブ空間に投げ入れる感覚で観戦することによって、その次元を追体験できるのです。

ただし、この(3)「追体験」にはちょっとした技術というかコツが必要です。まず最低限のルールを知らなければなりませんし、映像で見て

(注) 天竺＝今のインドの古称。
長者＝金持ち。
従者＝家の使用人。
物惜しみの神＝やたらに物を惜しむけちな神のこと。
毘沙門＝毘沙門天のこと。仏教では四天王の一つ。福の神として七福神のひとりでもある。
帝釈＝帝釈天のこと。大きな力で仏教を守護する天空の王神。
修行者＝仏教の修行をしている者。
乞食＝職がなく人から金銭や食物を恵んでもらって生活する者。

(一) ——線部分(1)の「ゐて」・——線部分(2)の「おはしまして」を、それぞれ現代かなづかいに直し、すべてひらがなで書きなさい。

(二) ——線部分(3)について、次の①・②の問いに答えなさい。

① ——線部分(3)の「いかにかくはするぞ」の意味として最も適当なものを、次のア～エから一つ選び、その符号を書きなさい。

ア どうしてこんなことをするのだ
イ いつからこんなことを始めたのだ
ウ こんなことをしたのはだれだ
エ どうやってこんなことをしたのだ

② ——線部分(3)の内、「かく」とは「こんなこと」という意味だが、それはどういう状態を指しているか。それを言い表している部分をAの文章中から二十四字で抜き出し、はじめと終わりの五字を、それぞれ書きなさい。

(三) 〰〰線部分①・②の会話文は、それぞれ誰の言葉か。次のア～エからそれぞれ一つずつ選び、その符号を書きなさい。

ア 留志長者
イ 毘沙門天
ウ 従者
エ 帝釈天

(四) ——線部分(4)について、留志長者はなぜ報いを受けることになったのか。またそれはどんな報いだったのか。現代語で六十字以内で書きなさい。

〔三〕　次のAの文章は、「宇治拾遺物語」の一部である。昔、天竺《てんじく》に留志《るし》長者《ちょうじゃ》といってとても裕福《ゆうふく》な長者がいた。だが、とても欲深く、妻子にも従者《じゅうしゃ》にも物を食わせたり、着物を与えたりすることがなかった。ある日、留志長者はやたらにたくさん物が食べたくなったので、家の者に「欲深い心をなくすために物惜《ものお》しみの神を祭りたい」と言って、供え物としてごちそうを用意させた。次のAの古文は、留志長者がそのごちそうを持って出かけた後のことを記したものである。また、Bの文章はAの文章について述べたものである。この二つの文章を読んで、㈠～㈣の問いに答えなさい。

A

「今日《けふ》なき所に一人(1)ゐて《(留志長者は)今日は人がいない所で一人で》、物を食ひ、酒を飲む。安楽なる事《この楽しさは、》、毘沙門《びしやもん》、帝釈《たいしやく》にもまさりたり《毘沙門天や帝釈天でも味わえないだろう》」といひけるを、帝釈《帝釈天は》きと御覧《ごらん》じてけり《しっかりと御覧になっていた》。

憎《にく》しと思《おぼ》しけるにや、留志長者が形に化し給《たま》ひて、かの家に(2)おはしまして、「①我、山にて、物惜《ものを》しむ神を祭りたる験《しるし》にや、その神離れて、物の惜しからねば《物が惜しくなくなったので》、かくするぞ《このようにするぞ》」とて、蔵《くら》どもをあけさせて《蔵という蔵を開けさせて》、妻子を始めて、従者ども、それならぬ《その他の》よその人々をも《見知らぬ人々にも》、修行者《しゆぎやうしや》、乞食《こつじき》にいたるまで、宝物どもを取り出《いだ》して配り取らせければ、皆々悦《よろこ》びて分け取りける程《ほど》にぞ、まことの長者は帰りたる。

蔵どもみなあけて、かく宝どもみな人の取りあひたる、あさましく、悲しさ《驚きと悲しさは》、いはん方《かた》なし《言いようがない》。「(3)いかにかくはするぞ」とののしれども《と怒鳴ったが》、我とただ同じ形の人出《い》で来てかくすれば《自分と同じ形の人が出て来てこのようなことをするので》、不思議なる事限りなし。「あれは変化《へんげ》の物ぞ《あれは何かが化けて出てきたのだ》。我こそ其《そ》よ《私こそ本物だ》」といへど、聞き入るる人なし。（中略：その後、二人そろって王様の前でこの一件を証言する）「②腰の程にははくそといふ物《私の腰のあたりにほくろ》の跡《あと》ぞ候《さぶら》ひし《のあとがございます。》。それをしるしに御覧ぜよ《それを証拠に御覧ください》」といふに、あけて見れば帝釈それをまねばせ給はざらんやは《帝釈天がそれを真似なさらぬはずはない》。二人ながら同じやうに物の跡あり。

（一部改）

B

　主人公の留志長者は、自分が欲深いということを自覚していて、家の者も当然、彼のけちくさい心をよく分かっていた。だからこそ、「物惜しみの神を祭りたい」と留志長者が言った時は、家の者は喜んでごちそうを用意したにちがいない。しかしそれにも関わらず、留志長者はごちそうを独り占めし、調子に乗って毘沙門天や帝釈天の名を口に出した。ごちそうをたいらげて帰宅した留志長者を待ち受けていたのは、驚きの出来事だった。この話を読む者も、(4)留志長者は報《むく》いを受けたと感じずにはいられないだろう。

にあるのだ。だが人間は、自分が知らなければ何も存在しないのだと思いたいのである。認識しないと、何もないと同じことだと考えているのだ。

(3)そこに根本的な誤《あやま》ちがあるのではないだろうか。仮説を立て、その仮説に矛盾がないかを論証するのが、西欧的《せいおうてき》な自然科学者の態度である。論証できなければ、それはもう仕方のないものとして手を触れない。それはそれでよいのだが、人が立てた仮説によって自然を思うままにつくり変えるのが、自然破壊ということなのだ。

（立松　和平「生命継ぎの海」より　一部改）

㈠　——線部分(1)の「建設」と、構成（組み立て、成り立ち）が同じ熟語を、次のア～オから一つ選び、その符号を書きなさい。

ア　近所　　イ　投球　　ウ　平等　　エ　表裏　　オ　不安

㈡　——線部分(2)の「大胆に」と同じ品詞の単語を、次の□内の文から一つ抜き出して書きなさい。

> 川をただゆっくりと流すだけならば、固いコンクリートを使って三面張りにしたほうが、管理は簡単だ。

㈢　文章中の A に最もよく当てはまる言葉を、次のア～エから一つ選び、その符号を書きなさい。

ア　たとえば　　イ　つまり　　ウ　しかし　　エ　だから

㈣　——線部分(3)について、「そこ」が指している内容を説明したものとして最も適当なものを、次のア～エから一つ選び、その符号を書きなさい。

ア　自然は完璧に調和していて、生物は真実に従って生きていると考えてしまうこと。

イ　自然は真実を究めつくしていて、人間が入るすき間など無いと考えてしまうこと。

ウ　人間は、他者からの恩恵を得るため他者を管理するべきと考えてしまうこと。

エ　人間は、自分の知らないことは何もないのと同じことだと考えてしまうこと。

㈤　この文章の内容を説明したものとして最も適当なものを、次のア～エから一つ選び、その符号を書きなさい。

ア　山河の開発は自然破壊を意味し、精神の荒廃が進んでいる人ほど山河の開発に力を注いでしまう。

イ　人間もすべての生物同様自然の一部であるため、自然の荒廃は人間にも悪影響を及ぼしてしまう。

ウ　人間が生活を向上させていく上で、ある程度自然をつくり変えるのは必要不可欠な行為《こうい》である。

エ　西欧の自然科学者の態度は自然破壊を助長するが、道元の教えは自然を育てる姿勢を示している。

国　　語

〔一〕　次の㈠、㈡の問いに答えなさい。

㈠　次の1〜6について、――線をつけた漢字の部分の読みがなを書きなさい。

1　もう一度奮い立ち挑戦する。
2　責任のある人間は自らの行動を律する。
3　発言をする人は挙手をしなければならない。
4　君の話していることは訳がわからない。
5　干潮の時間になり海面が下がった。
6　悪だくみを実行するために徒党を組んだ。

㈡　次の1〜6について、――線をつけたカタカナの部分に当てはまる漢字を書きなさい。

1　明日は妹のタンジョウビです。
2　ピアノとギターのガッソウは素晴らしかった。
3　その分野のセンモンカに相談する。
4　注文された商品を期限までにオサめる。
5　戦争を避《さ》けるため隣国とドウメイを結ぶ。
6　昨夜やった宿題を自宅にワスれてしまった。

〔二〕　次の文章を読んで、㈠〜㈤の問いに答えなさい。

山や海にでることの多い私は、日本の山河が激しく荒廃《こうはい》している有様に愕然《がくぜん》とすることが多い。清らかな水の流れる川にもう一度いってみると、コンクリートが岸にも底にも貼ってある。白砂青松の浜の松林がなぎ倒《たお》されて、砂浜にはコンクリートのテトラポットがならべられ、海岸にはコンクリート堤防《ていぼう》とともに立派な道路が(1)建設されている。

それぞれのいい分はあるのだろうが、あまりにも(2)大胆《だいたん》に風景が壊されている。風景が荒廃していけば、当然人の精神にも影響がある。そのあたりに住んでいる生物にも悪影響があるはずで、当然のことながら魚や山菜はとれなくなっている。

人は自然の一部として、自然の恵みによって生きている。それは改めていうのも恥ずかしいほど自明のことではないか。自然を破壊するのは、自分自身を破壊することと同じである。

鎌倉《かまくら》時代《じだい》の仏教者道元のあらわした『正法眼蔵《しょうぼうげんぞう》』に、「渓声山色《けいせいさんしょく》」という言葉がある。谷川の音は釈迦《しゃか》の説法の声であり、山の姿は釈迦の姿であるという意味だ。聴《き》こえる人には、たえず釈迦が説法する声が聴こえる。山も釈迦の姿に見えるのである。

ありのままその場にある。

［A］、自然は真実を究めつくしていて、本来ありのままにその場にあるということだ。これが道元のすべての認識の根本である。目の前にあるこの自然は、何も隠されているわけでなく、ただそこにある。何が不足しているわけでもなく、何があり余っているわけでもない。

本来の自然は人間がどうあろうと完璧《かんぺき》に調和していて、花は花の、鳥は鳥の真実を生きている。人間が知ろうと知るまいと、自然はそこ

数　　　学

〔1〕次の(1)〜(10)の問いに答えなさい。

(1)　$(-2)-(+2)$　を計算しなさい。

(2)　$8-6^2\times\dfrac{1}{4}$　を計算しなさい。

(3)　$3(3a-2b)-2(2a-7b)$　を計算しなさい。

(4)　140　を素因数分解しなさい。

(5)　比例式　$2x:3=6:1$　を解きなさい。

(6)　連立方程式 $\begin{cases} x=5y+9 \\ 2x-3y=-3 \end{cases}$　を解きなさい。

(7)　1次関数 $y=-3x+5$ について，x の変域が $-1\leqq x\leqq 3$ のとき，y の変域を答えなさい。

(8)　右の図のように，底面の半径が4cm，高さが7cmの円柱がある。
この円柱の**側面積**を答えなさい。ただし，円周率はπとする。

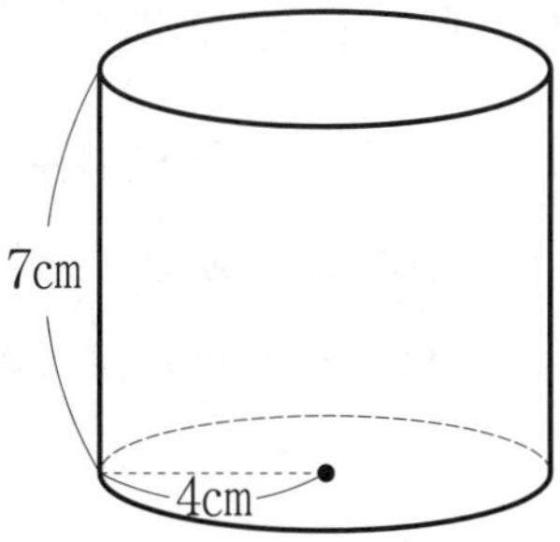

(9)　右の図のような五角形で，$\angle x$の大きさを答えなさい。

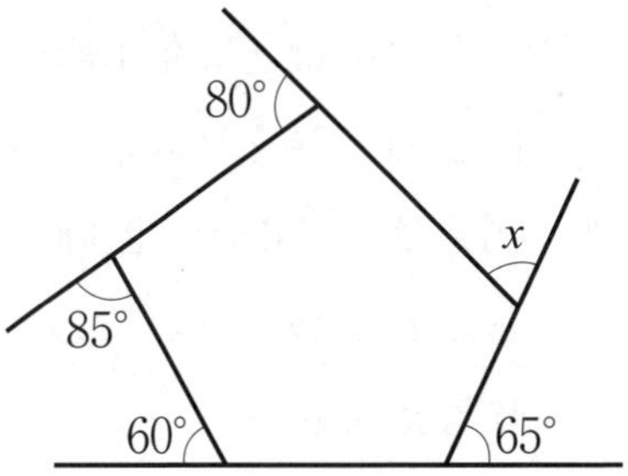

(10)　1から6までの目のついた大，小2つのさいころを同時に投げたとき，出た目の数の和が8となる確率を答えなさい。

〔2〕次の(1)～(4)の問いに答えなさい。

(1) ある中学校の生徒数は，男子と女子を合わせて300人である。このうち，男子の10％と女子の20％が自転車で通学していて，その人数は合わせて46人である。この中学校の男子と女子の生徒数は，それぞれ何人か。求めなさい。

(2) $a=\dfrac{2}{3}$，$b=\dfrac{4}{5}$ のとき，$10a^2b\times 6b^2\div 4ab^2$ の値を求めなさい。

(3) 右の図は，３年１組の男子生徒21人の立ち幅跳びの記録をヒストグラムに表したものであり，例えば，270cm以上300cm未満の人数は１人であることがわかる。このとき，次の①～③の問いに答えなさい。

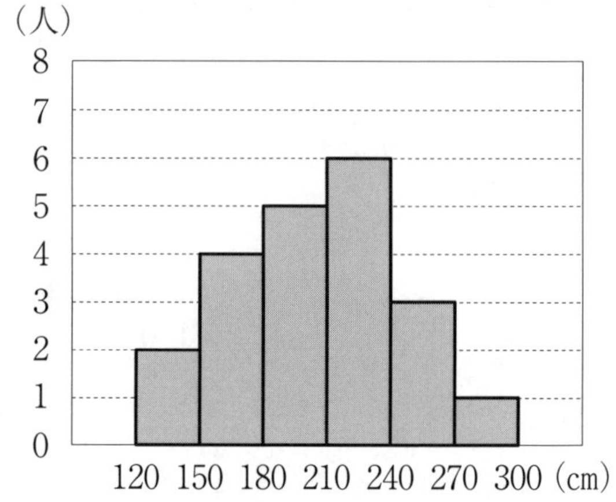

① 180cm未満の人数を求めなさい。

② このヒストグラムから，最頻値を求めなさい。

③ 240cm以上270cm未満の階級の相対度数を小数第３位を四捨五入して，小数第２位まで求めなさい。

(4) 下の図のような線分ＡＢがある。この線分ＡＢを直径とする円を，定規とコンパスを用いて作図しなさい。ただし，作図は解答用紙に行い，作図に使った線は消さないで残しておくこと。

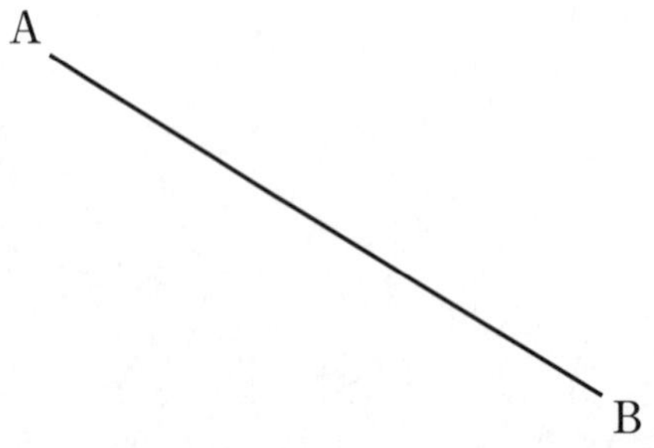

〔**3**〕右の図のように，ＡＢ＝ＡＣの二等辺三角形ＡＢＣがある。辺ＡＢ，ＢＣ上にＢＤ＝ＣＥとなる点Ｄ，Ｅをそれぞれとる。また，線分ＢＥ上に点Ｆをとり，点Ｅを通り，辺ＡＣに平行な直線上に点Ｇをとる。∠ＢＤＦ＝∠ＥＣＧであるとき，△ＤＢＦ≡△ＣＥＧであることを証明しなさい。ただし，点Ｇは直線ＢＣについて点Ａと反対側にあるものとする。

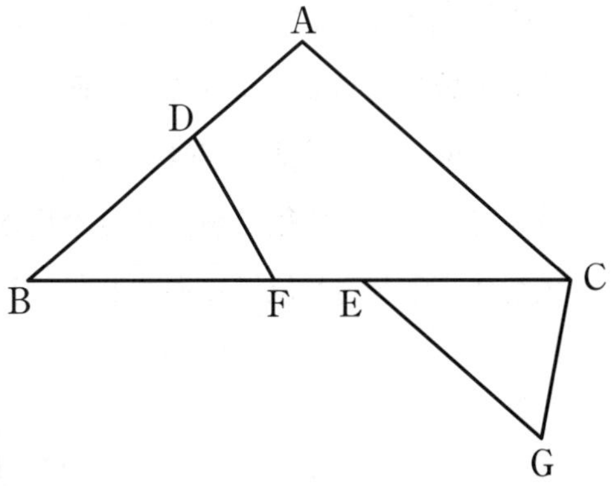

〔**4**〕下の図のように，y 軸上に，y 座標が８となる点Ａをとり，x 軸上に，x 座標が－８となる点Ｂをとる。また，関数 $y = -\frac{10}{x}$ の $x > 0$ の部分のグラフ上に，x 座標が２となる点Ｃをとる。さらに，四角形ＡＢＣＤが平行四辺形となる点Ｄをとる。このとき，次の(1)～(3)の問いに答えなさい。

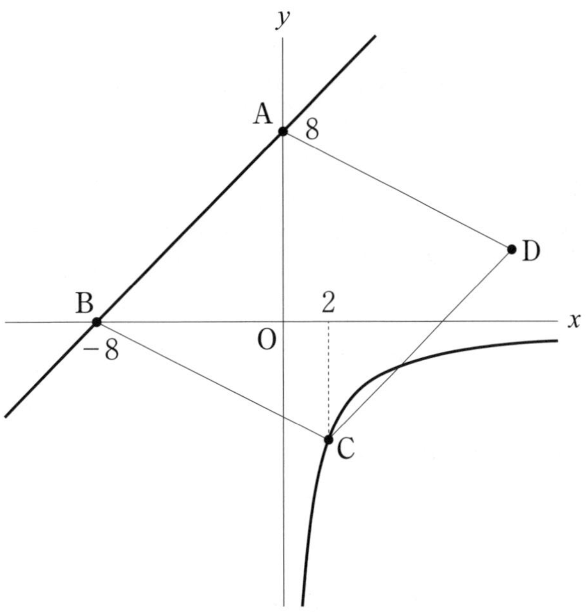

(1)　２点Ａ，Ｂを通る直線の式を求めなさい。

(2)　点Ｃの y 座標を求めなさい。

(3)　点Ｄの座標を求めなさい。

〔5〕下の図のように，点Cは線分AB上にあり，AC＝6cm，BC＝12cmである。点P，Qは，点Cを同時に出発し，点Pは毎秒1cmの速さで2点C，A間を，点Qは毎秒3cmの速さで2点C，B間を，それぞれ1往復し，いずれも点Cにもどると止まり，そのまま動かないものとする。点P，Qが，点Cを出発してから，x秒後の線分PQの長さを$y$cmとする。このとき，次の(1)〜(4)の問いに答えなさい。ただし，2点P，Qが同じ位置にあるとき，PQ＝0cmとする。

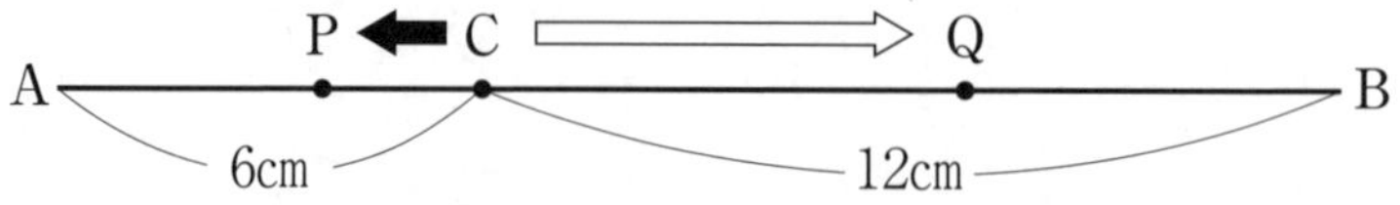

(1) 次の①，②について，yの値を求めなさい。

① $x=2$のとき

② $x=5$のとき

(2) 次の①，②について，yをxの式で表しなさい。

① $0 \leqq x \leqq 4$のとき

② $4 \leqq x \leqq 6$のとき

(3) 点Qが点Cにもどるときのxの値を求めなさい。

(4) $0 \leqq x \leqq 12$のとき，xとyの関係を表すグラフをかきなさい。
なお，グラフは解答用紙にかくこと。

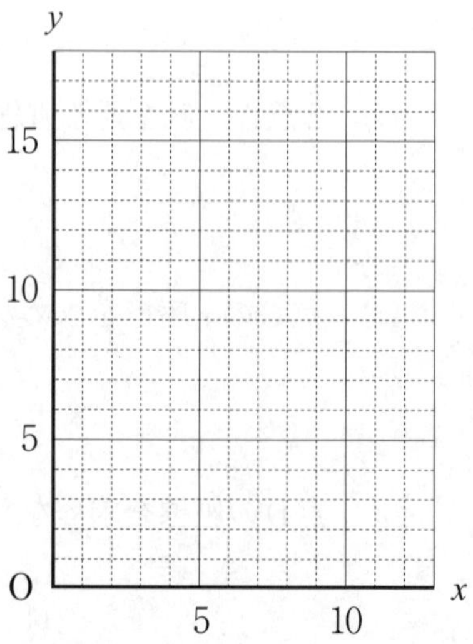

〔6〕下の図1のように，1辺の長さが6cmの正方形の紙ＡＢＣＤがある。辺ＢＣ，ＣＤの中点をそれぞれＭ，Ｎとする。図2は，この正方形の紙ＡＢＣＤを線分ＡＭ，ＡＮ，ＭＮで折り曲げてつくった三角すいであり，3点Ｂ，Ｃ，Ｄが重なってできる三角すいの頂点をＬとする。このとき，次の(1)～(4)の問いに答えなさい。

図1

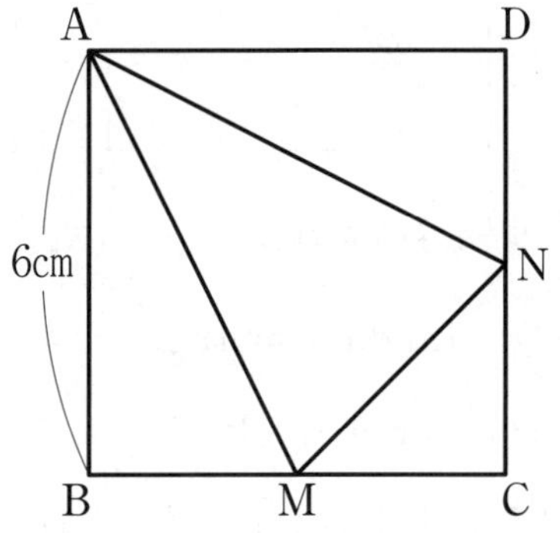

図2

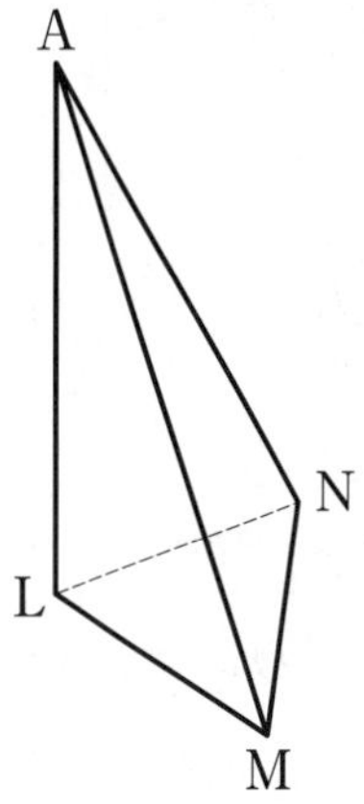

(1) 三角すいＡＬＭＮで，辺ＡＬと面ＬＭＮが垂直であることは，次のア～オのうちの二つを根拠として説明することができる。その二つを選び，符号を書きなさい。

ア　ＡＬ⊥ＬＭ　　イ　ＡＬ⊥ＬＮ　　ウ　ＬＭ⊥ＬＮ　　エ　ＡＭ＝ＡＮ　　オ　ＬＭ＝ＬＮ

(2) 三角すいＡＬＭＮの底面を△ＬＭＮとしたときの高さを求めなさい。

(3) 三角すいＡＬＭＮの体積を求めなさい。

(4) 三角すいＡＬＭＮの底面を△ＡＭＮとしたときの高さを求めなさい。

英　　語

〔1〕 放送を聞いて，次の(1)～(3)の問いに答えなさい。

(1) これから英文を読み，それについての質問をします。それぞれの質問に対する答えとして最も適当なものを，次のア～エから一つずつ選び，その符号を書きなさい。

1 ア 
イ 

ウ 
エ 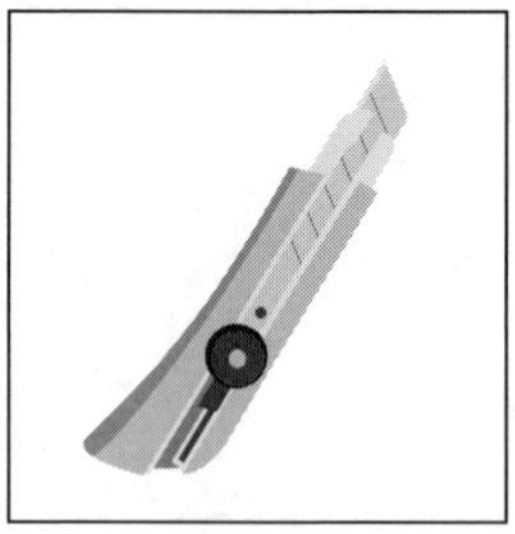

2 ア At 2 : 30.　イ At 2 : 45.　ウ At 3 : 00.　エ At 3 : 15.

3 ア Linda.　イ Tom.　ウ Linda's mother.　エ Linda's father.

4 ア Two years ago.　イ Last year.　ウ For a week.　エ This year.

(2) これから英語で対話を行い，それについての質問をします。それぞれの質問に対する答えとして最も適当なものを，次のア～エから一つずつ選び，その符号を書きなさい。

1 ア Yes, he does.　イ No, he doesn't.　ウ Yes, he is.　エ No, he isn't.

2 ア To the post office.
イ To the restaurant.
ウ To the store.
エ To Yoko's house.

3 ア She went home with Ms. Brown.
イ She borrowed an umbrella from Ms. Brown.
ウ She took her umbrella to Ms. Brown.
エ She talked with Ken about the weather.

4 ア 
イ 
ウ 
エ 

(3)　これから，日本への留学生のエミリー（Emily）が英語で自己紹介をします。その内容について，四つの質問をします。それぞれの質問の答えとなるように，次の１～４の ＿＿＿＿ の中に当てはまる英語を１語ずつ書きなさい。ただし，数字も英語のつづりで書くこと。

1　She came to Japan ＿＿＿＿ weeks ago.

2　She is feeling ＿＿＿＿ now.

3　She thinks it is ＿＿＿＿.

4　She wants to learn the Japanese ＿＿＿＿ from them.

〔２〕 次の英文を読んで，あとの(1)～(7)の問いに答えなさい。

Akemi is a junior high school student in Niigata. Mark is from America, and goes to Akemi's school. He is Akemi's friend. Now they are walking in a park.

Mark : Oh, this park has many *sakura*. I think everyone from abroad should see *sakura*.

Akemi : I think so, too. *Sakura* is a symbol of spring in Japan.

Mark : Look! Many people are watching *sakura* and A [have] picnics under the trees.

Akemi : The name of this event is *hanami*. In Japan, many people have *hanami* with their family or friends every year, and it's a popular event with a long history. So B <u>many Japanese people can't imagine spring without *sakura*.</u>

Mark : I see. In this park, this weekend will be good to see *sakura*.

Akemi : I think so, too. Oh, I want to show you some spring sweets. I don't think people can find them in your country. You'll be surprised. Let's go!

―― *At a department store.* ――

Akemi : Come here, Mark. C [lot, there, of, a, are] spring sweets! For example, look at *sakura* flowers on the cakes. Their flavor is good.

Mark : Wow! I didn't know we can eat *sakura* flowers.

Akemi : Some people pickle *sakura* flowers, and then they use them in sweets. Also, we can make *sakura* tea by using those flowers.

Mark : Interesting. Well, what is that food with a leaf?

Akemi : It's a *sakuramochi*, a Japanese sweet. We eat it in spring. That leaf is from a *sakura* tree. The history of *sakuramochi* started hundreds of years ago.

Mark : [D] Well, I'm thinking of buying a *sakura* sweet now.

Akemi : OK. What will you buy? You can buy cakes, *sakuramochi* and many other sweets. What sweet do you want?

Mark : Well..., this department store sells too many sweets. To choose only one is (E) for me.

Akemi : Oh, really? OK. How about buying a few different *sakura* sweets?

Mark : F <u>That</u>'s a good idea.

Akemi : Then, you will enjoy spring more. Let's look around this floor.

Mark : You look happy, Akemi. Are you going to buy some sweets, too?

Akemi : Of course. I like eating sweets G [seeing, better, flowers, than].

Mark : *Hana yori dango*, right?

Akemi : Oh, you know the Japanese saying!

Mark : When I was in America, I H [study] about Japanese culture. I knew the saying then.

Akemi : I see.

(注) abroad　海外に　　should ～　～すべきである　　symbol　象徴　　picnic　ピクニック
imagine ～　～を想像する　　without ～　～なしの　　sweet　甘い菓子
department store　デパート　　flavor　風味　　pickle ～　～を塩水に漬ける　　leaf　葉
hundreds of ～　何百という～　　sell　売る　　choose ～　～を選ぶ　　saying　ことわざ
knew　knowの過去形

(1) 文中のA，Hの □ の中の語を，それぞれ最も適当な形(１語)に直して書きなさい。

(2) 下線部分Bについて，アケミ(Akemi)がそのように言っている理由を具体的に日本語で書きなさい。ただし，文末を「～から。」の形にすること。

(3) 文中のC，Gの □ の中の語を，それぞれ正しい順序に並べ替えて書きなさい。

(4) 文中のDの □ に入る最も適当なものを，次のア～エから一つ選び，その符号を書きなさい。

ア　You must not eat a *sakura* leaf.

イ　I don't think *sakura* sweets are good.

ウ　You enjoy spring in many ways.

エ　I can't find anything to buy in this department store.

(5) 文中のEの(　　)の中に入る最も適当な語を，次のア～エから一つ選び，その符号を書きなさい。

ア　easy　　イ　kind　　ウ　famous　　エ　difficult

(6) 下線部分Fについて，その内容を，具体的に日本語で書きなさい。ただし，文末を「～こと。」の形にすること。

(7) 本文の内容に合っているものを，次のア～オから一つ選び，その符号を書きなさい。

ア　Akemi doesn't think everyone from abroad should see *sakura*.

イ　Akemi talked with Mark about a popular Japanese event, *hanami*.

ウ　Before Mark went to the department store, he knew people can eat *sakura* flowers.

エ　Akemi made *sakura* tea for Mark at the department store.

オ　Mark knew the Japanese saying *Hana yori dango*, but Akemi didn't.

〔３〕 次の(1)～(3)の日本語を英語に直しなさい。

(1) あの自転車はあなたのものですか。

(2) この本はいくらですか。

(3) もしあなたが疲れているのなら，私はあなたを手伝うつもりです。

〔4〕 次の英文は，高校生のユカリ(Yukari)が，英語の時間に書いたスピーチの原稿です。これを読んで，あとの(1)～(7)の問いに答えなさい。

Hello, everyone. I'm very interested in English, so I'm in the English club. We meet on Tuesdays and do many activities with our English teacher. For example, we sing songs, watch movies, and cook foreign food. $\boxed{\quad a \quad}$ We had a tea party last month. We invited Fred, Patty, and Ben. They are students from foreign countries, and they are studying in different high schools. They came to Japan last year.

At the party, I asked them, "Are you enjoying your school life in Japan?" Fred said, "Yes. I really enjoyed the sports festival last fall. I was impressed when I saw the cheerleaders' performances. They were amazing. In my country, we don't have a big sports festival in high school. $\underset{A}{\underline{\text{That}}}$'s one of the differences. $\boxed{\quad b \quad}$"

Patty said, "I like lunch time here. My host mother puts many kinds of Japanese food in a lunch box every morning. I enjoy lunch with my friends in our classroom. In my country, we don't have lunch in the classroom. We have a school cafeteria, and eat lunch there."

Ben said, "At first, I was surprised when I knew there is a cleaning time at school. In my country, students don't clean their classroom. $\boxed{\quad c \quad}$ Now I like cleaning time at school because I feel (B) after cleaning."

Then I talked with our English teacher about cleaning time in Japan. He is from London. He said, "I like cleaning time in Japan, too. Now, I practice judo here. We use the practice room every day, and it's an important place for us. When we go into the practice room, we bow to show our thanks to it. $\boxed{\quad d \quad}$" I understood his words. Our classroom is important for us.

I was surprised when I learned that students don't have cleaning time at school in some countries. I wanted to know more about it, so I checked it on the Internet and learned two things. First, some countries in the world have cleaning time at school, but more countries don't. Second, $\underset{C}{\underline{\text{some people think students don't need to have cleaning time at school}}}$ because students should learn ways of cleaning at home. $\boxed{\quad e \quad}$

I learned that (D). Which is right? We can't say that. But I felt proud and happy when I saw the news about the World Cup. Japanese soccer fans cleaned the stadium after the game. Some fans from other countries also became interested in their behavior and started to clean. I think cleaning is one of the Japanese cultures. In the future, I want to tell the wonderful culture of cleaning to people around the world.

(注) activity　活動　foreign　外国の　invite ～　～を招待する　high school　高校
sports festival　体育祭　be impressed　感動する
cheerleaders' performance　応援団の演技　difference　違い　host　ホームステイ先の
cafeteria　食堂　at first　最初は　knew　knowの過去形　cleaning time　掃除の時間
bow　お辞儀をする　thanks　感謝　understood　understandの過去形
should ～　～すべきである　felt　feelの過去形　proud　誇りに思う
became　becomeの過去形　behavior　ふるまい

(1) 次の英文は，文中のa～eの［　　　］のどこに入れるのが最も適当か。当てはまる符号を書きなさい。

I think Japanese students clean their classroom every day for the same reason.

(2) 下線部分Aについて，フレッド(Fred)が説明した具体的な内容を日本語で書きなさい。ただし，文末を「～こと。」の形にすること。

(3) 文中のBの(　　)の中に入る最も適当な語を，次のア～エから一つ選び，その符号を書きなさい。

ア　sad　　イ　good　　ウ　sick　　エ　hungry

(4) 下線部分Cについて，一部の人々がそのように考える理由を，具体的に日本語で書きなさい。ただし，文末を「～から。」の形にすること。

(5) 文中のDの(　　)の中に入る最も適当なものを，次のア～エから一つ選び，その符号を書きなさい。

ア　different countries have different ways of thinking

イ　Japanese ways of life are the best

ウ　Japanese students don't have to have cleaning time at school

エ　students from foreign countries have problems at school in Japan

(6) 次の①～③の問いに対する答えを，それぞれ3語以上の英文で書きなさい。

① Is Yukari a member of the English club?

② Where do students in Patty's high school in Japan have lunch?

③ What does Yukari want to do in the future?

(7) 本文の内容に合っているものを，次のア～オから一つ選び，その符号を書きなさい。

ア　Fred, Patty and Ben came to Japan last year, and they go to Yukari's high school.

イ　Fred said that he had a good time at the sports festival.

ウ　Patty's host mother puts too much food in her lunch box, and she doesn't like that.

エ　Ben had cleaning time at school before coming to Japan.

オ　Most of the countries in the world have cleaning time at school.

第5回　実戦問題　国語

区分コード・受験番号(右よせ)・氏名を正確に記入しなさい。

区分コード	受験番号	氏名	得点

〔一〕

(一)	1	奮　　い	2	律　　する
	3	挙手	4	訳
	5	干潮	6	徒党
(二)	1	タンジョウビ	2	ガッソウ
	3	センモンカ	4	オサ　　める
	5	ドウメイ	6	ワス　　れて

〔二〕

(一)	(二)	(三)	(四)	(五)

〔三〕

(一)	(1)	
	(2)	
(二)	①	
	② はじめ	5
	② 終わり	5
(三)	①	
	②	
(四)		60

〔四〕

(一)		
(二)	ア	3
	イ	5
(三)	はじめ	5
	終わり	5
(四)		
(五)		50
(六)		60

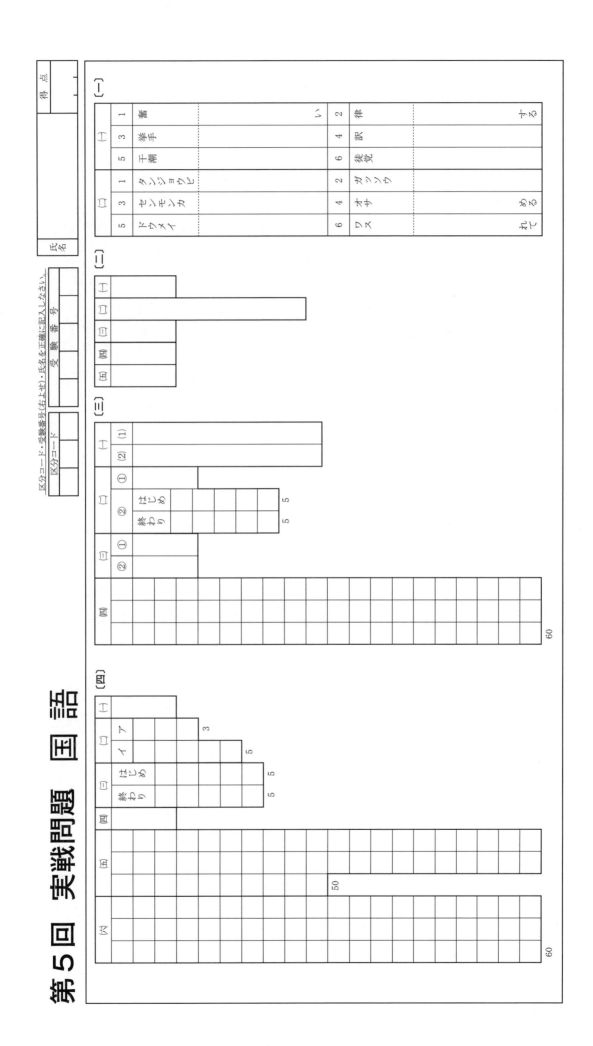

第5回　実戦問題　数学

区分コード・受験番号(右よせ)・氏名を正確に記入しなさい。

区分コード	受験番号	氏名	得点

〔1〕

(1)		(2)		(3)	
(4)		(5)	$x=$	(6)	$x=$　　, $y=$
(7)	$\leqq y \leqq$	(8)	cm^2	(9)	$\angle x=$　　度
(10)					

〔2〕

(1)		答　男子　　人 女子　　人
(2)		答
(3)	①	答　　人
	②	答　　cm
	③	答

(4)

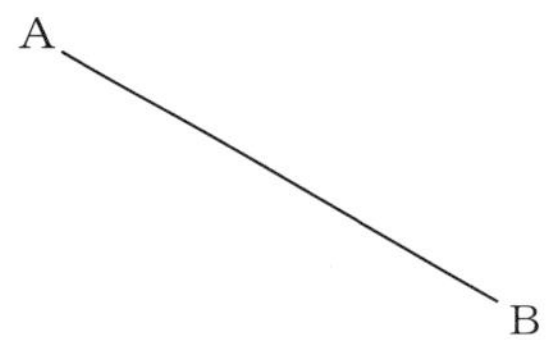

〔3〕

(証明)

〔4〕

(1)	答　$y=$
(2)	答
(3)	答　(　　,　　)

〔5〕

(1)	①	答　$y=$
	②	答　$y=$
(2)	①	答　$y=$
	②	答　$y=$
(3)		答　$x=$

(4)

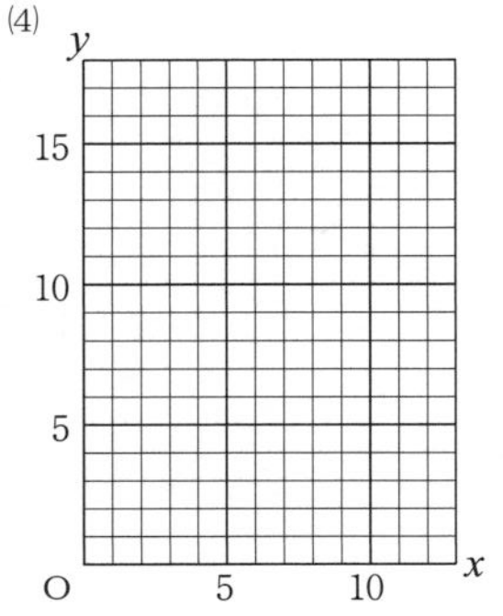

〔6〕

(1)	答　　と
(2)	答　　cm
(3)	答　　cm^3
(4)	答　　cm

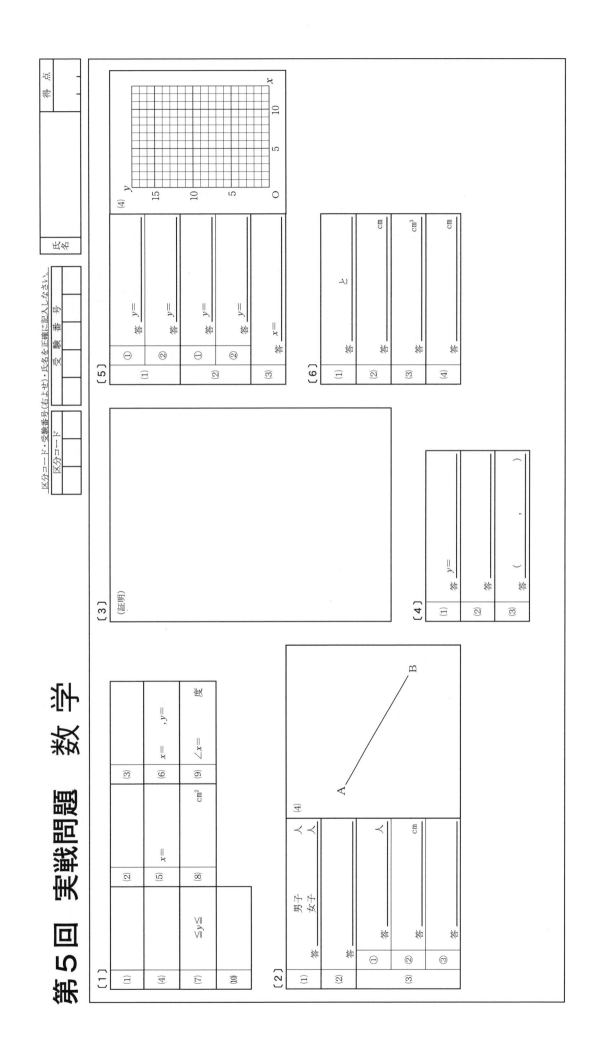

第5回 実戦問題　英語

区分コード・受験番号(右よせ)・氏名を正確に記入しなさい。

区分コード			受験番号					氏名		得点

〔1〕

(1)	1		2	
	3		4	
(2)	1		2	
	3		4	
(3)	1		2	
	3		4	

〔2〕

(1)	A		H	
(2)				
(3)	C			
	G			
(4)				
(5)				
(6)				
(7)				

〔3〕

(1)	
(2)	
(3)	

〔4〕

(1)		
(2)		
(3)		
(4)		
(5)		
(6)	①	
	②	
	③	
(7)		

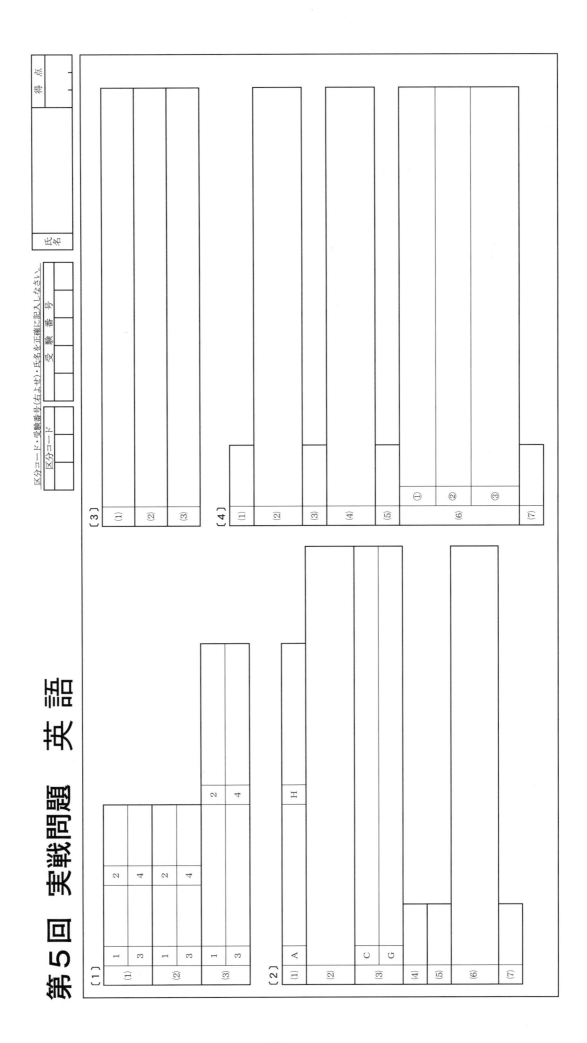

し、かつその意見に対する自分自身の判断を下していくといった複雑な「情報処理能力」を身につけるトレーニングにもなります。

（齋藤　孝「新聞で学力を伸ばす」より　一部改）

(注)　フック＝この文章では「とっかかり」「きっかけ」という意味。

(一)　文章中の［A］に最もよく当てはまる言葉を、次のア～エから一つ選び、その符号を書きなさい。

ア　しかし　　イ　たとえば　　ウ　つまり　　エ　そこで

(二)　――線部分(1)について、「いろいろ紆余曲折を経てこうなりました」という作文の表現の仕方について、別の言葉で言い表している部分を文章中から抜き出し、九字で書きなさい。

(三)　――線部分(2)について、筆者がこのように考えるのはなぜか。その理由を、三十字以内で書きなさい。

(四)　文章中［B］に当てはまる言葉として適当なものを、三字の熟語で書きなさい。

次のⅡの文章は、Ⅰの文章と同じ著書の一部である。

Ⅱ

新聞のように、政治、経済、海外事情、社会、科学、生活、文化など実に幅広いジャンルの情報に一挙に触れることができるメディアも他にはありません。通常、インターネットで情報を得る場合は、検索《さく》中心でどうしても「自分の興味のある分野の情報」に偏《かたよ》りがちです。

ところが新聞は自分の興味のあるなしと関係なく、今起きているさまざまな事象に接することになります。その結果、ふと新聞で目にした記事がきっかけで、もともと興味がなかったことに関心が広がっていくことがあります。

(3)狭い範《はん》囲の内容をひたすら深く深く掘るタイプの興味の持ち方をする人が増えている中、さまざまな情報に触れ、関心領域を自在に広げていけるということはとても意味のあることで、特に若い人にとっては貴重な経験です。

(五)　――線部分(3)について、このような興味の持ち方と関係の深い行動として最も適当なものを、次のア～エから一つ選び、その符号を書きなさい。

ア　さまざまな種類のメディアから、自分の興味がある情報を多角的に得る。

イ　現在起きている事象に対する自分の意見をインターネットに発信する。

ウ　インターネットの検索で、自分が知りたい情報だけを効率よく集める。

エ　今話題になっている情報はすべて、自分の興味にかかわらず一通り調べる。

(六)　Ⅰ・Ⅱの文章で筆者は、新聞を読むことの利点について述べている。筆者は、新聞を読むとどのようになると述べているか。ⅠとⅡの文章を踏《ふ》まえ、百字以内で書きなさい。

〔四〕 次のⅠ・Ⅱの文章を読んで、㈠～㈥の問いに答えなさい。

Ⅰ

新聞の文章は、日頃子どもたちが触れる物語や、子ども向け雑誌の文章とは違います。

非常に情報密度が濃く、ある事実、状況《きょう》を正確に伝えることを目的としているため、だらだらとした文体では書かれていません。熟語などの難しい言葉が次々と登場します。

しかも、物語やエッセイと違って新聞記事は「起承転結」ではなく、いきなり結論から始まります。ひたすら「結」です。

文の構成が、これまでの国語の作文で受けてきた指導とは根本的に違います。読書感想文や作文というのは、あまり(1)言いたいことが最初にきてしまうと、深みがなく感じられます。いろいろ紆《う》余《よ》曲《きょく》折《せつ》を経てこうなりましたというのが、作文の流れなのです。私も作文的にはそのほうが面白いと思います。

しかし、情報密度が濃く、結論から始まる新聞の文章の特徴は「実用日本語」の特徴であり、国際的な実用的文章の特徴でもあるのです。

一流の経営者や一流の政治家は数字に非常に強いという共通した特徴があります。しかし、大人でも数字が苦手という人はいます。十六億、一六〇億、一六〇〇億といわれてもピンとこない。失業率5パーセントといわれてもそれがどのくらいのことなのかよくわからない。これはひとつには「数字などのデータを意識して読む」という訓練をしていないからです。

国語の「読解」では数字というものが重視されてきませんでしたが、数字は事実関係を正確に認識する上で重要な「フック」となるものです。 A 「勉強しない高校生が増えている」という文だけでは事実をふまえているのか、ただの印象なのか定かではありませんが、「帰宅後まったく勉強しない高校生が１９８２年は25%だったが、２００２年には40%になった」となると、「20年で15パーセントも増えたのは、やっぱり増えすぎでしょ」ということになります。

数字は「事実」の裏付けになるもので、数字の感覚を養い、(2)文章の中に登場する数字の意味をきちっと押さえて読めるようになることはとても大切です。新聞はそのためのよい教材になるのです。新聞記事に登場する数字を意識して読む習慣をつけることで、次第に数字の感覚が身についていくのです。

そしてなによりも重要なのは「事実」と「意見」や「感想」を区別することを学べることです。新聞の記事は基本的には客観的な事実が中心に書かれ、その状況に対してのある人物の意見などが付け加えられるなど、「事実」と「意見」は厳密に分けて書かれています。このような文章に触れることも子どもたちの場合はあまりありません。

客観的な「事実」と B な「意見」を区別するのは当然と思われるかもしれませんが、現実には、「事実」と「意見」が混ざってしまっている人は大人にも結構います。

事実と意見を区別するスキルを身につけるためには子どものころからの訓練が必要なのです。そして中でも効果的なトレーニングが新聞を読むことなのです。

さらに新聞を続けて読んでいくとひとつのテーマにおいてもさまざまな事実があり、それらの事実に対してさまざまな意見があることがわかってきます。たとえば「環境リサイクル」についてもいろいろな事実があり、いろいろな意見がある、というように。こうした複数の情報を整理してまとめる力、さらにそれぞれの意見を理解

㈤　——線部分⑷について、筆者はなぜ結構なことだと思ったのか。その理由を現代語で、五十字以内で書きなさい。

㈥　——線部分⑸について、文章の最後に筆者がこのように述べたのはなぜか。その理由として、最も適当なものを、次のア～エから一つ選び、その符号を書きなさい。

ア　後徳大寺大臣の行為《い》に対してひたすら非難するべきでないと思ったから。

イ　綾小路宮と後徳大寺大臣と比べては綾小路宮が気の毒だと思ったから。

ウ　とびも烏も同じ生き物だから、粗《そ》末に扱ってはいけないと思ったから。

エ　住居のあり方は必ずその家に住む人の生き方を表していると思ったから。

〔三〕 次の文章は、「徒然草《つれづれぐさ》」の一部である。この文章を読んで、㈠〜㈥の問いに答えなさい。

家居《いへゐ》のつきづきしく、あらまほしきこそ《住居が、その人に似つかわしく、望ましい状態であるのは》、仮の宿《やど》りとは《一時の宿にすぎないものとは》思へど《思うものの》、興あるものなれ《面白いものである》。（中略）

後徳大寺大臣《ごとくだいじのおとど》の、寝殿《しんでん》にとびゐさせじとて《鳶をとまらせまいとして》縄《なは》をはられたりけるを、西行《さいぎやう》が見て、「とびのゐたらんは、(1)何かはくるしかるべき。この殿の御心《みこころ》、さばかりにこそ《この程度だったのだ》」とて、(2)その後は参らざり《その後（西行は）大臣のもとに参上しなかった》けると聞きはべるに、綾小路宮《あやのこうぢのみや》のおはします小坂殿《こさかどの》の棟《むね》に、いつぞや縄をひかれたりしかば、(3)かのためし思ひいでられ《以前の例を思い出されましたところ》はべりしに、誠《まこと》や《本当にそう言えば》、「烏《からす》のむれゐて池の蛙《かへる》をとりければ、（綾小路宮が）御覧《ごらん》じ悲しませ給《たま》ひてなん」と人の語りしこそ《人が語っていたので》、(4)さては《なるほど》いみじくこそと覚《おぼ》えしか《それならば結構なことだと思われたのであった》。(5)徳大寺にもいかなる故かはべりけん《後徳大寺大臣にもどんなわけがあったことでございましょうか》。

㈡
後徳大寺大臣＝当時左大臣だった藤原実定《ふじはらさねさだ》のこと。
寝殿＝貴族の住居であり、住居の主人が生活する建物。
とび＝鳶。中型の黒褐《かっ》色の鳥。「とんび」ともいう。
西行＝平安時代末期に活躍《やく》した歌人。僧《そう》でもあった。
綾小路宮＝先の帝《みかど》、亀《かめ》山天皇の皇子である性《しょう》恵《え》法親王《ほうしんのう》のこと。
小坂殿＝小坂は地名。小坂にある寝殿のこと。

㈠ ═線部分の「ゐさせじ」を現代かなづかいに直し、すべてひらがなで書きなさい。

㈡ ──線部分(1)の「何かはくるしかるべき」の意味として最も適当なものを、次のア〜エから一つ選び、その符号を書きなさい。

ア どうしても心配だろう
イ なんとも見苦しいものだ
ウ すっきりしていて良いだろう
エ 何の不都合があるだろうか

㈢ ──線部分(2)について、西行が後徳大寺大臣のもとに参上しなくなったのはなぜか。その理由を現代語で、五十字以内で書きなさい。

㈣ ──線部分(3)の「かのためし」が指す部分を、文章中から二十字以内で抜き出し、はじめと終わりの五字を、それぞれ書きなさい。

(四) 次の文中の「入院」と構成（組み立て、成り立ち）が同じ熟語を、あとのア～エから一つ選び、その符号を書きなさい。

> 来週、父が病院に入院する。

ア 冷水　イ 長所　ウ 危険　エ 決心

(五) 次の文中の「最も」と同じ品詞であるものを、あとのア～エの――線部分から一つ選び、その符号を書きなさい。

> 生徒会長には、彼女が最も適任だと思う。

ア あなたの手助けは本当にありがたかった。
イ かつてここには豊かな大地が広がっていた。
ウ 母は南向きの小さな庭を大切にしていた。
エ 弟はかなりはっきりした声で嫌《いや》だと訴《うった》えた。

国　　語

〔一〕 次の㈠、㈡の問いに答えなさい。

㈠ 次の1～5について、――線をつけた漢字の部分の読みがなを書きなさい。

1 鋭い指摘で問題が早く解決した。
2 機械の歯車が欠損したため修理に出した。
3 批判の矛先が彼らに向かった。
4 公園入口の長い階段を昇降する。
5 料金を折半して払《はら》うことにした。

㈡ 次の1～5について、――線をつけたカタカナの部分に当てはまる漢字を書きなさい。

1 彼のチュウコクには従うべきだ。
2 祖父母の墓に花をソナえた。
3 昆《こん》虫のヒョウホンを作る。
4 モケイ飛行機を組み立てる。
5 物資をトラックでユソウする。

〔二〕 次の㈠～㈤の問いに答えなさい。

㈠ 次の文はいくつの文節から成り立っているか。その数を漢字で書きなさい。

私たちは全員持てる力を出し切った。

㈡ 次の文中の「速く」は文の成分では何に当たるか。最も適当なものを、あとのア～エから一つ選び、その符号を書きなさい。

けがが治った兄は、以前よりも速く走ることができた。

ア 述語
イ 連用修飾《しょく》語
ウ 連体修飾語
エ 独立語

㈢ ――線部分の敬語の使い方として最も適当なものを、次のア～エから一つ選び、その符号を書きなさい。

ア 中学校時代の恩師が私の結婚《こん》式で祝辞を申し上げた。
イ 今、応接室でお客様がお菓子を召《め》し上がっています。
ウ あなたが私に差し上げてくれた資料は面白いですね。
エ お客様がご説明する道順でタクシーを運転します。

数　　学

〔**1**〕次の(1)〜(8)の問いに答えなさい。

(1)　$-9+(-3)\times 2$　を計算しなさい。

(2)　$2(2a+b)+(5a-8b)$　を計算しなさい。

(3)　$a^5b^3\div ab^3$　を計算しなさい。

(4)　56　を素因数分解しなさい。

(5)　比例式　$1:6=6:4x$　を解きなさい。

(6)　３枚の硬貨を同時に投げたとき，２枚以上が表となる確率を求めなさい。

(7)　右の図のような，ＡＢ＝ＡＣである二等辺三角形△ＡＢＣがあり，点Ａを通る直線をℓ，点Ｂを通る直線をmとする。$\ell /\!/ m$ であるとき，$\angle x$の大きさを答えなさい。

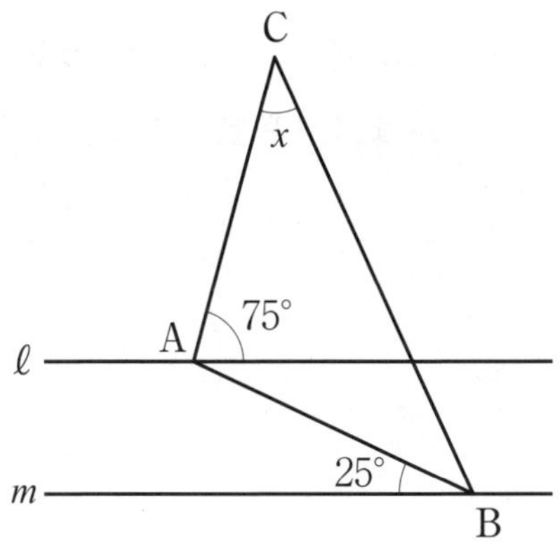

(8)　ある水そうに，空《から》の状態から毎分16Ｌの一定の割合で給水すると，５分後に満水になった。この水そうに，空の状態から毎分xＬの一定の割合で給水すると，y分後に満水になるとする。このとき，次の①，②の問いに答えなさい。

①　yをxの式で表しなさい。

②　この水そうに，空の状態から毎分24Ｌの一定の割合で給水すると，何分何秒後に満水になるか，答えなさい。

第
6
回

〔2〕次の(1)〜(3)の問いに答えなさい。

(1) あるクラスで，米づくり体験をした。そこで収穫した65kgの米を，2kg入りの袋と3kg入りの袋に分けて詰めたところ，2kg入りの袋と3kg入りの袋が合わせて24袋できて，米は余らなかった。このとき，2kg入りの袋と3kg入りの袋は，それぞれ何袋できたか，求めなさい。

(2) 同じ長さのマッチ棒をたくさん用意した。これらのマッチ棒を使って，下の図のように，正六角形が横につながった形をつくる。例えば，正六角形が横に2個つながった形をつくるとき，マッチ棒は11本必要である。このとき，次の①〜③の問いに答えなさい。

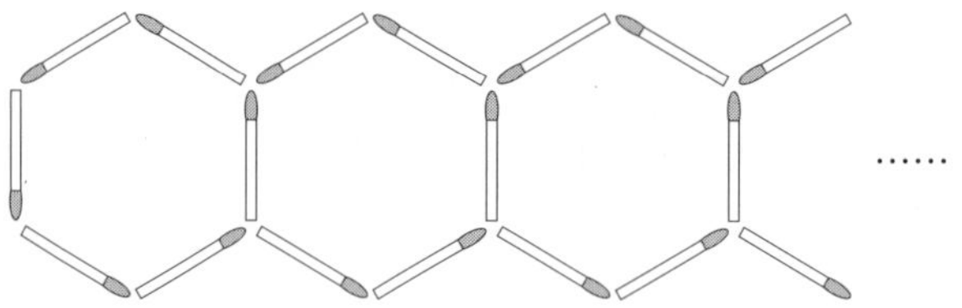

① 正六角形が横に7個つながった形をつくるとき，マッチ棒は何本必要か，求めなさい。

② 正六角形が横にn個つながった形をつくるとき，マッチ棒は何本必要か，nを用いて表しなさい。ただし，nは自然数とする。

③ マッチ棒が141本必要なのは，正六角形が横に何個つながった形をつくるときか，求めなさい。

(3) 下の図のように，直線ℓと2つの点A，Bがある。直線ℓ上にあり，AP＝BPとなる点Pを，定規とコンパスを用いて作図しなさい。ただし，作図は解答用紙に行い，作図に使った線は消さないで残しておくこと。

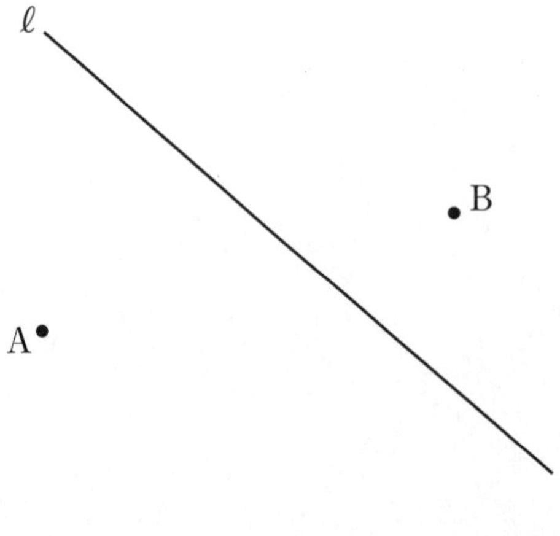

〔**3**〕右の図のように，円Oと円Pが2つの点A，Bで交わっている。このとき，次の(1)，(2)の問いに答えなさい。

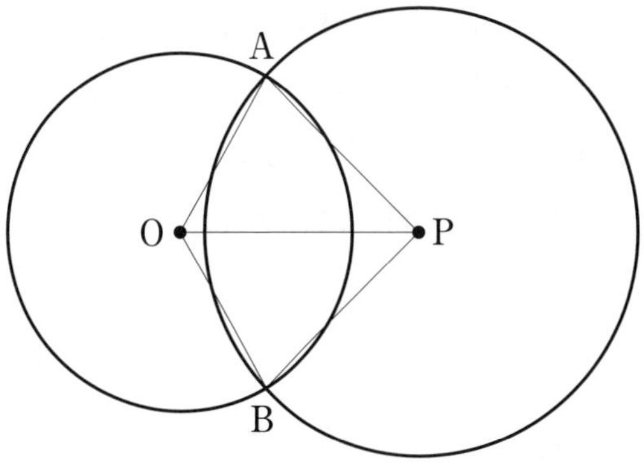

(1)　△AOP≡△BOPであることを証明しなさい。

(2)　AP＝10cm，∠AOP＝60°，∠OAP＝75°であるとき，円Pの円周の一部であり，小さいほうの$\overset{\frown}{\mathrm{AB}}$の長さを求めなさい。ただし，円周率は$\pi$とする。

〔**4**〕AさんとBさんが，なわとびの交差とびに挑戦し，連続でとべた回数を記録した。

右の表は，Aさんが25回，Bさんが20回挑戦したときの記録を度数分布表にまとめたものである。

また，次の文は，この度数分布表について話すケンさんとナミさんの会話の一部である。この文を読んで，あとの(1)，(2)の問いに答えなさい。

階級(回)	度数(回)	
	Aさん	Bさん
以上　　未満		
0 ～ 10	6	5
10 ～ 20	8	6
20 ～ 30	7	7
30 ～ 40	2	1
40 ～ 50	2	0
50 ～ 60	0	1
計	25	20

ケン：2人の最頻値を比べてみました。最頻値は，Aさんが［ア］回，Bさんが［イ］回で，［ウ］さんのほうが値が大きいので，［ウ］さんのほうが記録がよかったといえます。

ナミ：そうですね。私は，2人の中央値を比べてみました。中央値は，2人とも10回以上20回未満の階級にふくまれることはわかりますが，具体的なデータがないので，どちらのほうが値が大きいかはわかりません。

ケン：そうですね。最大値は，Bさんのほうが大きいことがわかります。では，<u>連続でとべた回数が10回未満だった割合は，どちらのほうが小さいでしょうか？</u>

ナミ：2人の0回以上10回未満の階級の相対度数を比べると，わかりますね。

ケン：やってみましょう。

(1)　［ア］，［イ］に入る値，［ウ］に入るAかBの記号をそれぞれ答えなさい。

(2)　下線部分について，連続でとべた回数が10回未満だった割合は，どちらのほうが小さいか，答えなさい。また，そう答えた理由を，2人の0回以上10回未満の階級の相対度数をそれぞれ求めることによって説明しなさい。

〔**5**〕下の図で，直線ℓは関数$y=2x+10$のグラフ，直線mは関数$y=ax-14$のグラフである。点Aは，直線ℓと直線mの交点で，その座標は（-9，-8）である。点Bは，直線ℓとy軸の交点である。また，直線ℓ上に，x座標が-1となる点Cをとり，x軸上に，x座標が11となる点Dをとる。このとき，次の(1)～(4)の問いに答えなさい。

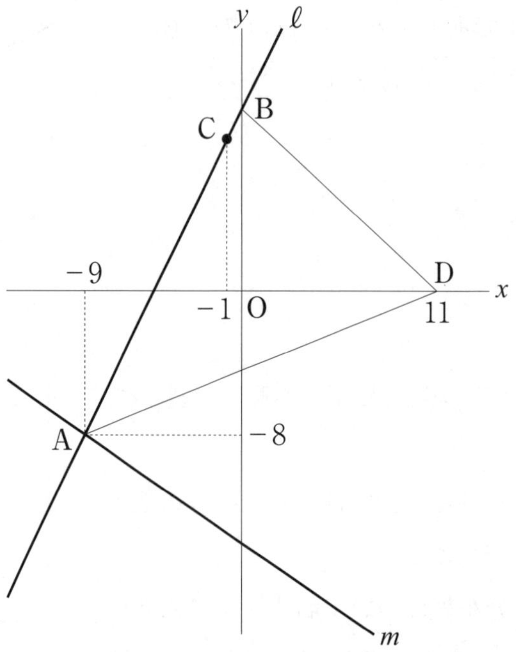

(1)　点Cのy座標を求めなさい。

(2)　aの値を求めなさい。

(3)　△ABDの面積を求めなさい。

(4)　直線m上にあり，△ABDの面積と△ABPの面積が等しくなるような点Pの座標を求めなさい。ただし，点Pのx座標は-9より大きいものとする。

〔6〕下の図のように，ＡＥ＝10cm，ＥＦ＝12cm，ＦＧ＝８cmの直方体ＡＢＣＤ－ＥＦＧＨがある。辺ＡＢ，ＥＦの中点をそれぞれＭ，Ｎとすると，ＤＭ＝10cmである。このとき，次の(1)～(4)の問いに答えなさい。

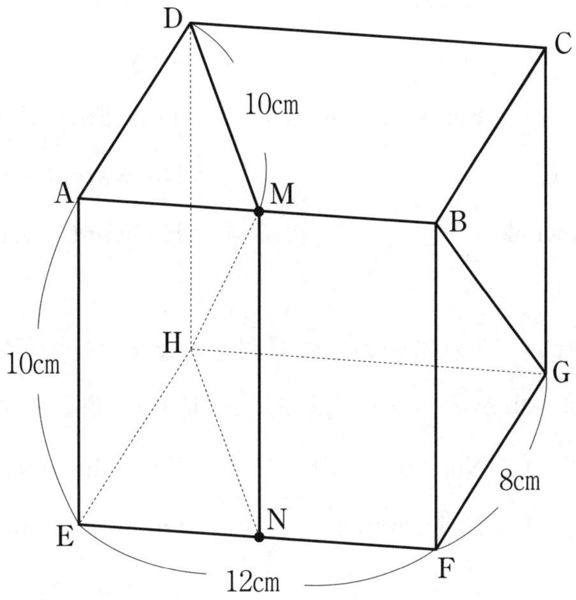

(1)　三角柱ＡＤＭ－ＥＨＮで，直線ＤＭとねじれの位置にある直線を，次のア～オから２つ選び，その符号を書きなさい。

ア　直線ＡＥ　　イ　直線ＡＭ　　ウ　直線ＥＨ　　エ　直線ＨＮ　　オ　直線ＭＮ

(2)　点Ａと平面ＤＨＮＭとの距離を求めなさい。

(3)　立体ＢＭ－ＣＤＨＧの表面積から立体ＢＭ－ＦＧＨＮの表面積をひいた差を求めなさい。

(4)　立体ＢＭ－ＣＤＨＧの体積を求めなさい。

英　　語

〔1〕 放送を聞いて，次の(1)～(3)の問いに答えなさい。

(1) これから英文を読み，それについての質問をします。それぞれの質問に対する答えとして最も適当なものを，次のア～エから一つずつ選び，その符号を書きなさい。

1 ア A bicycle.　イ A pen.　ウ A racket.　エ An umbrella.

2 ア May.　イ June.　ウ July.　エ August.

3 ア Last Monday.　イ For two weeks.　ウ This Saturday.　エ For a month.

4 ア He played baseball.　イ He watched a movie on TV.
ウ He did his homework.　エ He went swimming.

(2) これから英語で対話を行い，それについての質問をします。それぞれの質問に対する答えとして最も適当なものを，次のア～エから一つずつ選び，その符号を書きなさい。

1 ア Yes, she is.　イ No, she isn't.　ウ Yes, she does.　エ No, she doesn't.

2 ア Near the sea.　イ In summer.　ウ On a cold day.　エ In a warm room.

3 ア Kenta's dog.　イ Judy's dog.
ウ Judy's uncle's dog.　エ Judy's aunt's dog.

4 ア 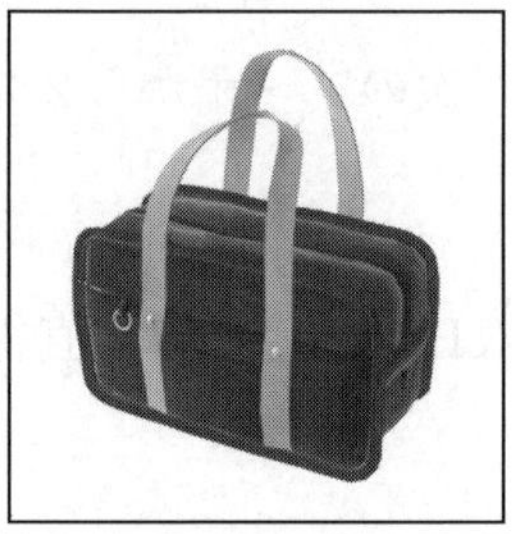　イ 　ウ 　エ 

(3) これから，ALTのジム(Jim)先生のスピーチを放送します。その内容について，四つの質問をします。それぞれの質問の答えとなるように，次の1～4の ______ の中に当てはまる英語を1語ずつ書きなさい。ただし，数字も英語のつづりで書くこと。

1 He came to Japan ______ years ago.

2 He is from ______.

3 He ______ the streets.

4 He learns a lot of ______ things from his friends.

〔2〕 次の英文を読んで，あとの(1)～(6)の問いに答えなさい。

Yoshio is a junior high school student. Ms. Hill is an ALT at Yoshio's school. They are talking in the classroom after school.

Yoshio :Ms. Hill, you [A: Japan, to, in, live, started] two months ago, right?

Ms. Hill:Yes.

Yoshio :How is your life here?

Ms. Hill:Wonderful! Japanese people are kind to me. And I recently found something new.

Yoshio :What's that?

Ms. Hill:It's *noren*. It's a cloth and clerks hang it on the door of a shop. Do you know *noren*?

Yoshio :[B] We can see *noren* in many places. Ms. Hill, [C: in, what, are, interested, you] about *noren*?

Ms. Hill:*Noren* have a lot of designs. A *noren* is like a curtain or a sign, right?

Yoshio :Yes. Like a curtain, *noren* can protect the things in a shop from the sun.

Ms. Hill:[D: That]'s right. Also, like a sign, clerks always hang a *noren* outside the shop to show the name of the shop.

Yoshio :They don't always hang it outside the shop.

Ms. Hill:I didn't know that. When do clerks put the *noren* into the shop?

Yoshio :Just before the shop closes.

Ms. Hill:I see. People can know that the shop is open or closed by location of the *noren*. I never knew that there is [E: such a special way of using *noren*].

Yoshio :You just found something new!

Ms. Hill:Yes. Also, I (F) many pictures of *noren* last week. Please look at these!

Yoshio :Wow! A lot of *noren*!

Ms. Hill:I saw a lot of *ramen* restaurants. All of them used a red *noren*. Is the color for *ramen* restaurants always red?

Yoshio :I don't think so. *Ramen* restaurants can (G) the color. My favorite *ramen* restaurant uses a white *noren*.

Ms. Hill:I want to see other *noren*!

Yoshio :In my house, there is a *noren* with a beautiful design. My mother changes *noren* when a different season comes.

Ms. Hill:*Noren* in houses? I didn't know that. I want to see the *noren* in your house.

Yoshio :Shall I bring some pictures of the *noren*?

Ms. Hill:Yes, please.　I can't wait to see them!

㈱ recently　最近　cloth　布　clerk　店員　hang　掛ける　design　デザイン
curtain　カーテン　sign　看板　protect　守る　close　閉まる　closed　閉まっている
location　位置　*ramen*　ラーメン　season　季節

(1) 文中のA，Cの［　　　］の中の語を，それぞれ正しい順序に並べ替えて書きなさい。

(2) 文中のBの［　　　］の中に入る最も適当なものを，次のア～エから一つ選び，その符号を書きなさい。

ア　Good job.　　イ　Of course.　　ウ　That's too bad.　　エ　I don't know.

(3) 下線部分Dの指す内容を，具体的に日本語で書きなさい。ただし，文末を「～こと。」の形にすること。

(4) 下線部分Eについて，その内容を，次のア～エから一つ選び，その符号を書きなさい。

ア　ノレンをカーテンのように使うこと。

イ　ノレンを看板のように，店の名前を示すために使うこと。

ウ　ノレンの位置を見て店が開いているか閉まっているかを知ること。

エ　ノレンの写真をたくさん撮って，ヨシオ(Yoshio)に見せること。

(5) 文中のF，Gの(　　　)の中に入る最も適当な語(句)を，次のア～エからそれぞれ一つずつ選び，その符号を書きなさい。

F　ア　take　　イ　took　　ウ　taking　　エ　to take

G　ア　choose　　イ　write　　ウ　sell　　エ　practice

(6) 本文の内容に合っているものを，次のア～エから一つ選び，その符号を書きなさい。

ア　Ms. Hill found that clerks hang curtains on the door of the shop to show the name of the shop.

イ　Clerks put the *noren* into the shop when they open their shop.

ウ　Yoshio's mother always hangs the same *noren* in her house.

エ　Yoshio will show some pictures of the *noren* in his house to Ms. Hill.

〔3〕 次の(1)～(3)の日本語を英語に直しなさい。

(1) 彼らは公園の中を走っていました。

(2) あなたは今日，夕食を料理する必要はありません。

(3) 私の家の近くに病院が一つありました。

〔4〕 次の英文を読んで，あとの(1)～(7)の問いに答えなさい。

One day, Wataru went to a library with his friends, Yuji and Shohei. They studied there for two hours in the morning and felt tired. Shohei said, "I feel (A). How about going to eat something?" Wataru said, "Good idea! Let's have lunch now." It was almost noon. They decided to walk to an *okonomiyaki* restaurant near the library.

When Wataru, Yuji and Shohei went into the restaurant, a lot of people were already there. The boys found a table luckily. Next to their table, two women were sitting. They were talking in a foreign language. It was not English, so the boys didn't understand it. They thought it was maybe Spanish. When the boys were waiting for their *okonomiyaki*, one of the women asked Wataru's group in English, "Hi, are you high school students?" The boys looked at each other. "We are from Spain and studying at college near here," she said and smiled. Wataru hoped that someone would answer the question. After some time, Yuji answered, "Yes. We are high school students." Wataru felt surprised then. Yuji didn't speak a lot at school. Wataru thought Yuji's courage was great. The women were friendly, and Yuji continued to talk with them in English. He looked happy. B Wataru wanted to talk with them, too. So, he asked them with courage, "Do you often eat *okonomiyaki*?" One of the women looked at him and said with a smile, "Yes. I often come to this restaurant. I especially like to put cheese on my *okonomiyaki*." "I like cheese, too," Wataru said. After Wataru, Shohei also talked to the women. Then, the Japanese boys and the women from Spain enjoyed talking in English and eating good *okonomiyaki* together. Wataru thought that the *okonomiyaki* tasted C [good] than usual.

When the boys were walking on the street to go back to the library, they talked about their experience at the *okonomiyaki* restaurant. Their English was not good. But they could have a good time with the women from Spain. Wataru said, "At first, we were afraid of speaking English. D But with a little courage, we could enjoy talking with the women from Spain. That's great, right?" Yuji and Shohei said, "I think so, too." They were all excited about their new experience at the restaurant. Then Wataru said, "To communicate with people in foreign languages is difficult for us. But I think we can E do it when we have some courage. I think courage is the key to communication." Yuji and Shohei understood Wataru's idea because they shared the same good time together. They became full after having *okonomiyaki*, and their hearts became happy because of their courage.

(注) noon　正午　luckily　幸運にも　Spanish　スペイン語　high school　高校
each other　お互い　Spain　スペイン　smile　ほほ笑む　courage　勇気
friendly　友好的な　especially　特に　taste　～な味がする　than usual　いつもより
at first　最初は　communicate with ～　～とコミュニケーションを図る
communication　コミュニケーション

(1) 文中のAの(　　　)の中に入る最も適当な語を，次のア～エから一つ選び，その符号を書きなさい。

ア　hungry　　イ　well　　ウ　late　　エ　large

(2) 下線部分Bについて，ワタル（Wataru）はなぜそのようにしたいと思ったのか。その理由として最も適当なものを，次のア～エから一つ選び，その符号を書きなさい。

ア　Because Wataru wanted to know about Spain.

イ　Because Yuji enjoyed talking with the women.

ウ　Because Wataru wanted to eat *okonomiyaki* soon.

エ　Because everyone wanted to try to speak Spanish.

(3) 文中のCの［　　　　］の中の語を，最も適当な形（１語）に直して書きなさい。

(4) 下線部分Dについて，ワタルたちはどのような勇気を示したか。その内容として最も適当なものを，次のア～エから一つ選び，その符号を書きなさい。

ア　courage to learn a foreign language　　イ　courage to eat *okonomiyaki* for lunch

ウ　courage to talk to others　　エ　courage to be afraid of speaking English

(5) 下線部分Eについて，その内容を，具体的に日本語で書きなさい。ただし，文末を「～こと。」の形にすること。

(6) 次の①～③の問いに対する答えを，それぞれ３語以上の英文で書きなさい。

① Were Wataru and his friends tired after they studied in the library for two hours?

② How did Wataru feel when Yuji answered the question from one of the women from Spain?

③ Why did Yuji and Shohei understand Wataru's idea?

(7) 本文の内容に合っているものを，次のア～エから一つ選び，その符号を書きなさい。

ア　Wataru went to an *okonomiyaki* restaurant with his friends from Spain.

イ　Wataru found that the women from Spain went to the same high school.

ウ　The foreign women asked the boys a question in Spanish, so the boys didn't understand them.

エ　The boys were excited because they had a new experience at the *okonomiyaki* restaurant.

第6回

第6回 実戦問題 国語

区分コード・受験番号(右よせ)・氏名を正確に記入しなさい。

区分コード	受験番号	氏名	得点

〔一〕

㈠
1 鋭 い
2 欠損
3 矛先
4 昇降
5 折半

㈡
1 チュウコク
2 ソナ えた
3 ヒョウホン
4 モケイ
5 ユソウ

〔二〕

㈠ 文節
㈡
㈢
㈣
㈤

〔三〕

㈠
㈡
㈢ 50
㈣ はじめ 5
終わり 5
㈤ 50
㈥

〔四〕

㈠
㈡ 9
㈢ 30
㈣ 3
㈤
㈥ 100

第6回

第6回 実戦問題 数学

区分コード・受験番号(右よせ)・氏名を正確に記入しなさい。

区分コード		

受験番号				

氏名		得点

〔1〕

(1)		(2)			(3)		
(4)		(5)	$x=$		(6)		
(7)	$\angle x=$ 度	(8)	①	$y=$	②	分 秒後	

〔2〕

(1)		答 2kg入り 袋 3kg入り 袋
(2)	①	答 本
	②	答 本
	③	答 個
(3)		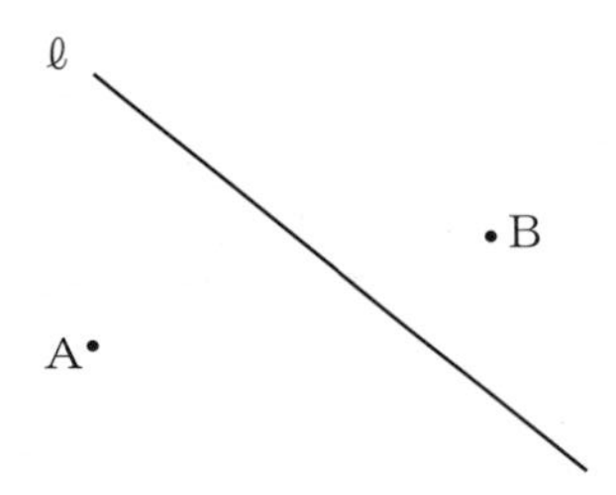

〔3〕

(1)	(証明)
(2)	答 cm

〔4〕

(1)	ア	答
	イ	答
	ウ	答

〔4〕

(2)	(記号) 答 さん
	(理由)

〔5〕

(1)	答
(2)	答 $a=$
(3)	答
(4)	答 (,)

〔6〕

(1)	答
(2)	答 cm
(3)	答 cm^2
(4)	答 cm^3

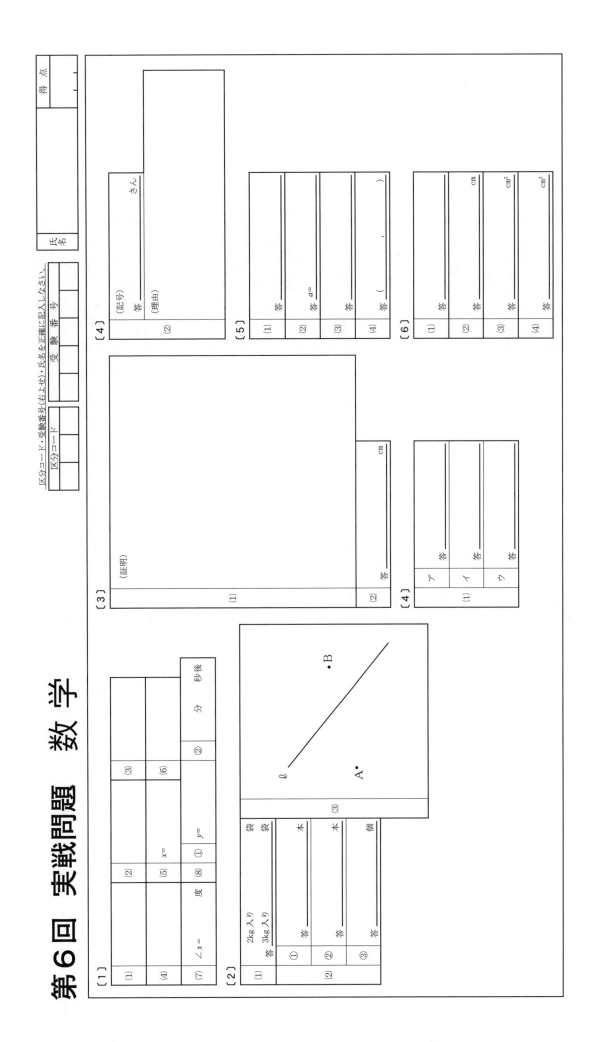

第6回　実戦問題　英語

区分コード・受験番号(右よせ)・氏名を正確に記入しなさい。

区分コード	受験番号	氏名	得点

〔1〕

(1)	1		2	
	3		4	
(2)	1		2	
	3		4	
(3)	1		2	
	3		4	

〔2〕

(1)	A	
	C	
(2)		
(3)		
(4)		
(5)	F	
	G	
(6)		

〔3〕

(1)	
(2)	
(3)	

〔4〕

(1)		
(2)		
(3)		
(4)		
(5)		
(6)	①	
	②	
	③	
(7)		

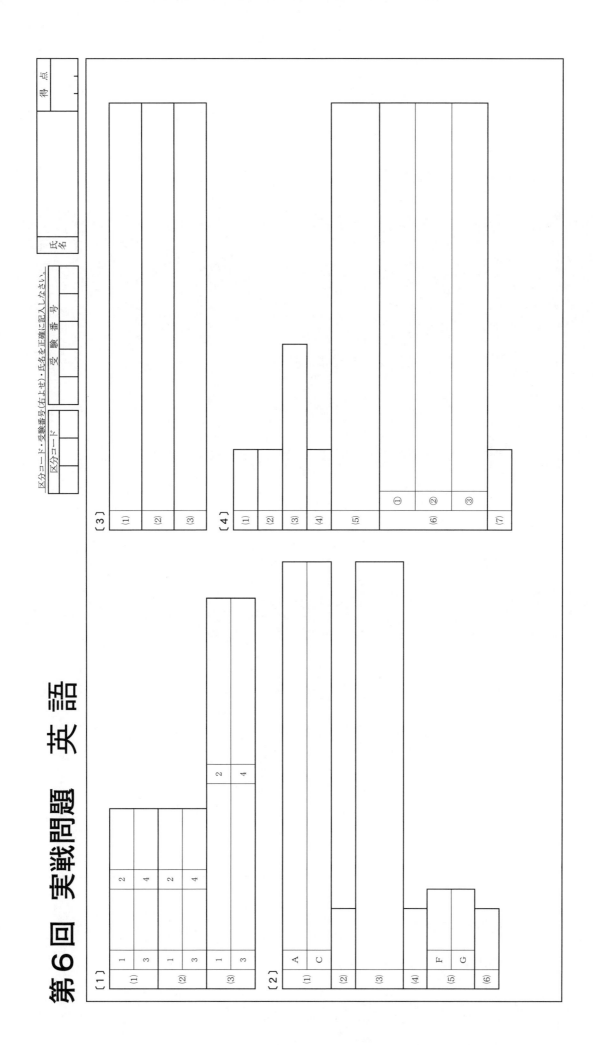

第Ⅲ期　実戦問題
（第７回問題～第９回問題）

持ちをこれ以上傷つけないようにしようとする心理、［B］相手の(2)気持ちに少しでも救いを与えたいという心理である。

もうひとつは、自分に非がないことをどこまでも主張するのは見苦しいと感じる心理、言いかえれば、自己正当化にこだわるのはみっともないし、大人げないと感じる心理である。

間柄の文化では、自分の視点を絶対化しない。相手には相手の視点があり、それを尊重しなければと思えば、自分の視点からの自己主張にこだわることはできなくなる。

自分には何も落ち度はないけれど、相手が困っているのはわかるし、腹を立てるのもわかるというような場合、自分には責任がないからといって開き直るのは大人げないし、思いやりに欠けると感じる。

そこで、相手の気持ちに救いを与える意味で、自分に非がなくても容易に謝る。それが間柄の文化のもつやさしさと言える。

人身事故で電車が遅れているときなど、困惑し興奮して文句を言ってくる乗客に対して、自分にはまったく責任がないのに「すみません」と丁重に頭を下げる駅員も、このような思いやりの心理によって謝っているのである。

（榎本　博明『「やさしさ」過剰社会』より　一部改）

(一)　文章中の［A］・［B］に最もよく当てはまる言葉を、次のア〜オからそれぞれ一つずつ選び、その符号を書きなさい。

ア　いわば　　イ　ところで　　ウ　ゆえに

エ　まったく　　オ　たとえば

(二)　——線部分(1)について、この文章でいう「間柄」とはどういう意味か。「自分」という言葉を使って、十字以上十五字以内で書きなさい。

(三)　文章中の［＊］に最もよく当てはまる言葉を、次のア〜エから一つ選び、その符号を書きなさい。

ア　責任　　イ　主張　　ウ　配慮　　エ　基準

(四)　——線部分(2)について、「見苦しい」「みっともない」「大人げない」と感じるのは、自分の正当性を主張し続けることが相手に対してどうだと思うからか。具体的に説明されている部分を【　】内の文章中から「〜から。」につながる形で五十字程度で抜き出し、はじめと終わりの五字を、それぞれ書きなさい。

(五)　筆者は、欧米の文化と日本の文化にはどのような違いがあると考えているか。百字以内で書きなさい。

〔四〕 次の文章を読んで、㈠～㈤の問いに答えなさい。

【日本人は自己主張が苦手だが、グローバル化の時代だから、ちゃんと自己主張できるようにならなければと言われ、学校教育や企業《きぎょう》研修でもディベート・スキルを磨く練習をするなど、自己主張が推《すい》奨《しょう》されるようになってきた。

それにもかかわらず、相変わらず自己主張が苦手な日本人が圧倒《あっとう》的に多い。

学生に聞いても、授業でグループで議論することが多いけど、他の人が言った意見が間違っていると思っても指摘できない、こんなことを言ったらさっき意見を言った人が傷つかないかなと思ったりしているうちに発言のタイミングを逸《いっ》することが多い、などと言う。

どこまでも自己主張する心を文化的に植えつけられている欧米《おうべい》人と違って、私たちは意見を言う際に、自分の意見を無邪気《むじゃき》に主張することなどできない。

ものごとにはいろんな側面があり、いろんな見方があることがわかる。相手の立場や気持ちを思いやる心を文化的に植えつけられているため、自分の見方を堂々と主張するようなことはしにくい。

意見がないのではなく、相手の視点もわかるため、自分の見方だけを一方的に主張するような自己中心的な行動は取れないということなのである。

[A]、欧米式に遠慮《えんりょ》なく自己主張する人物に対しては、「利己的で見苦しい」と感じてしまう。そんな自分勝手な自己主張をしたら、相手に対して失礼だし、相手の気持ちを傷つけるではないかと思う。だから遠慮なく自己主張するなどということができないのだ。】

私は、欧米の文化を「自己中心の文化」、日本の文化を(1)「間柄《あいだがら》の文化」と名づけている。

日本の学校教育でいくら自己主張のスキルを高める教育をしたところで、子どもや若者が自己主張が苦手なままなのは、そもそも日本の文化には自己主張は馴染《なじ》まないからだ。

欧米などの自己中心の文化では、自分が思うことを思う存分主張すればよい。何の遠慮もいらない。ある事柄を持ち出すかどうかは、自分自身がどうしたいのか、自分にとって有利かどうかで判断すればよい。あくまでも基準は自分自身がどうしたいかにある。

それに対して、日本のような間柄の文化では、一方的な自己主張は避《さ》けなければならない。ある事柄を持ち出すかどうかは、相手や周りの人の気持ちや立場を配慮して判断することになる。基準は自分自身がどうしたいかにあるのではなく、相手と気まずくならずにうまくやっていけるかどうかにある。

謝罪するかどうかも、自己中心の文化と間柄の文化では、[*]が違ってくる。

欧米などの自己中心の文化では、謝《あやま》るかどうかは「自分が悪いかどうか」で決まる。自分が悪いとき、自分に責任があるときは謝る。悪いのは自分ではない、自分に責任はないというようなときは謝らない。単純明快だが、それは自分だけが基準だからだ。

一方、日本のような間柄の文化では、自分が悪いわけではなくても、相手の気持ちを配慮して謝るということがある。だれにも落ち度がないからだれも謝らないとなると、被害を受けた人や今実際に困っている人の気持ちが救われないと感じれば、自分に責任がなくても、「すみません」と容易に謝る。

間柄の文化では、単に「自分が悪いかどうか」を基準に謝るかどうかを決めるのではない。間柄を大切にするために、自分に非がない場合でも、相手の気持ちや立場に想像力を働かせ、思いやりの気持ちから謝ることもある。

そこには、自己中心の文化にはみられない二つの心理が働いている。

ひとつは、思いやりによってホンネを棚《たな》上げして謝罪し、相手の気

㈡ ――線部分(2)の「思ひよらぬさまにして」とは、口語訳すると「（他人が）思いもよらないようにして」という意味になるが、どのようなことが思いもよらないのか。現代語で三十字以内で書きなさい。

㈢ ――線部分(3)について次の①・②の問いに答えなさい。

① ＊ に最もよく当てはまる言葉を、次のア～エから一つ選び、その符号を書きなさい。

ア なさけなし　イ うつくし

ウ あはれ　エ うれし

② ①のように思ったのは誰か。その人物として最も適当なものを、次のア～エから一つ選び、その符号を書きなさい。

ア 御室のすばらしい児

イ 児を誘おうとたくらんだ法師たち

ウ 芸達者な他の法師たち

エ 風流の破子を埋めた所を見た人

㈣ ――線部分(4)の「並みゐて」を現代かなづかいに直し、すべてひらがなで書きなさい。

㈤ ――線部分(5)について、この文章の場合、誰がどのような趣向を凝らそうとしていたのか。現代語で六十字以内で書きなさい。

〔三〕 次の古文は、「徒然草」の一部である。この文章を読んで、㈠～㈤の問いに答えなさい。

御室《おむろ》に、いみじき児《ちご》のありけるを《すばらしい児がいたのを》、(1)いかでさそひ出《いだ》して遊ばんとたくむ《たくらむ》法師どももありて、能《のう》あるあそび法師どもなど《歌や踊りなどの芸が達者な他の法師たち》かたらひて《を仲間に引き入れて》、風流《ふうりう》の破子《わりご》やうのもの、ねんごろに営み出《い》でて《念入りに作り上げて》、箱風情《はこふぜい》の物にしたため入れて《具合よく収め入れて》、双《ならび》の岡《をか》の便《びん》よき所に埋《うづ》み《都合のよい所に埋めて》おきて《おいて》、紅葉《もみぢ》散らしかけなど、(2)思ひよらぬさまにして、御所《ごしょ》へ参りて、児をそそのかし出でにけり《児をうまく誘《さそ》い出したのだった》。(3)［＊］と思ひて、ここかしこ《あちこち》遊びめぐりて、ありつる《先程《さきほど》埋めておいた》苔《こけ》のむしろに(4)並《な》みゐて《苔が一面に生えたところに並んで座り》、「いたうこそこうじにたれ」《「ひどくくたびれてしまった」》、「あはれ紅葉をたかん人もがな」《「ああ紅葉を焚《た》いてくれる人がいればいいのに」》、「験《げん》あらん僧達《そうたち》、祈《いの》り試みられよ」《「霊験あらたかな僧達、試しに祈ってみなさいよ」》など言ひしろひて《など言い合って》、埋みつる木のもとに向きて《埋めておいた木の下に向かって》、数珠《ずず》おしすり《数珠《じゅず》を押しすり》、印《いん》ことことしく《印形をぎょうぎょうしく》結び出でなどして《結んだりなどして》、いらなくふるまひて《おおげさにふるまって》、木の葉をかきのけたれど、つやつや《まったく》物も見えず。所の違《たが》ひたるにやとて《(埋めていた)場所が違っていたのだろうかと思って》、掘らぬ所もなく山をあされどもなかりけり。埋みけるを人の《埋めているところを人が》見おきて《見ておいて》、《(法師たちが)》御所へまゐりたる間に盗めるなりけり。法師ども、言の葉なくて、聞きにくいさかひ《聞き苦しく口論し》、腹立ちて帰りにけり。

(5)あまりに興《きょう》あらんとする事は《あまりに趣向を凝《こ》らそうとすることは、》、必ずあいなきものなり《きっとつまらない結果になるものである》。

㈵注㈶
御室＝仁和寺《にんなじ》の別称。仁和寺は現在の京都市右京区にある寺院。
児＝子どもの修行《しゅぎょう》僧。
風流の破子やうのもの＝しゃれた弁当箱のようなもの。
箱風情の物＝破子（弁当箱）を収める外箱のようなもの。
双の岡＝仁和寺の南にある丘。
御所＝仁和寺の身分の高い僧の御殿《ごてん》。児が仕えている場所にあたる。
験あらん僧達（霊験あらたかな僧達）＝神仏へ祈り、願いを聞き届けてもらう能力が優《すぐ》れている僧達。
印（印形）＝祈祷《きとう》の時に指でさまざまな形をつくる（結ぶ）こと。

㈠ ――線部分(1)の「いかでさそひ出して遊ばん」の意味を説明したものとして最も適当なものを、次のア～エから一つ選び、その符号を書きなさい。

ア いつ誘い出せば一緒に遊べるだろうか
イ いつか誘い出して一緒に遊びたいものだ
ウ なんとかして誘い出して一緒に遊びたい
エ なぜ誘い出しても一緒に遊べないのだろうか

もにとって、これは重要な体験と言えます。

（香山　リカ　「香山リカの生きる力をつける処方箋」より　一部改）

(一) 文章中の［A］に最もよく当てはまる言葉を、次のア〜エから一つ選び、その符号を書きなさい。

ア　たとえば　イ　すると　ウ　でも　エ　だから

(二) ――線部分(1)の「充電」と、構成（組み立て、成り立ち）が同じ熟語を、次のア〜オから一つ選び、その符号を書きなさい。

ア　競技　イ　危険　ウ　年長　エ　未知　オ　人工

(三) ――線部分(2)の「逃げ込ん」・――線部分(3)の「重ね」を、それぞれ終止形（言い切りの形）に直して書きなさい。

(四) ――線部分(4)の「認識を越えた感情」とはどのような気持ちか。具体的に説明している部分を文章中から二か所探し、指定の字数でそれぞれ抜き出して書きなさい。

①　十三字　②　九字

(五) この文章の内容を説明したものとして最も適当なものを、次のア〜エから一つ選び、その符号を書きなさい。

ア　現実の世界から受ける精神的ストレスを解消するには、ゲームが最適である。

イ　ゲームは現代社会のすべての子どもたちにとって、必要な癒しの手段である。

ウ　ゲームに夢中になってしまうのは、現実の世界から逃避したい強い気持ちの表れである。

エ　現実では存在を受け入れられなくても、必ず受けとめてくれるのがゲームの世界である。

国　語

〔一〕 次の㈠、㈡の問いに答えなさい。

㈠ 次の1〜6について、——線をつけた漢字の部分の読みがなを書きなさい。

1 住民の要求を退けて工事が始まった。

2 この夏、信濃川の源をたどる旅をした。

3 彼は私にとっての好敵手である。

4 この掃除機は吸引力がとても強い。

5 本番でも思いきりプレイする度胸がある。

6 世界では多くの人々が貧困にあえいでいる。

㈡ 次の1〜6について、——線をつけたカタカナの部分に当てはまる漢字を書きなさい。

1 バランスのよい食事で栄養をホキュウする。

2 祖父が生まれた昭和はゲキドウの時代だった。

3 父と兄は二人ともケイサツカンです。

4 私は全校集会で司会をツトめることになった。

5 夕方からのテレビ番組をロクガ予約する。

6 君の意見はとてもドクソウテキで面白《おもしろ》い。

〔二〕 次の文章を読んで、㈠〜㈤の問いに答えなさい。

今から十年以上前になりますが、私は精神科の研修医として、住みなれた東京を離れ、札幌でスタートをきりました。失敗して落ち込むことも多かった。そんなとき、「ドラゴンクエスト」が私の支えでした。

こう言うと、「現実からゲームの世界に逃避《とうひ》しているだけじゃないか」という指摘もあるでしょう。［A］、あのころの私にとって、ゲームはどうしても必要なものだったのです。環境も出会う人も学生時代とはまったく変わり、気持ちも安定しない中、〝毎日変わらずに私を受けとめてくれるゲームという存在〟、これを支えに現実に立ち向かっていく力を(1)充電《じゅうでん》していました。

それと同じで、ゲームはもしかしたら大きな力を持っているのではないかと考えるようになりました。人の心や癒《い》やしとも関係している力かもしれません。そう考えたきっかけは、ゲームに夢中になっている子どもたちとの出会い。彼らと話をしてみると、〝単純にゲームの世界に(2)逃げ込んでいる〟とか、〝いらいらするからゲームをしている〟のではないことがわかるのです。現実の中で感じるコンプレックスや、これまで(3)重ねてきてしまった失敗とは無関係に、ゲームは自分たちを受け入れてくれる。そこで彼らは、ホッとするものを感じているのです。ゲームはしょせん機械なのですが、その(4)認識を越えた感情が存在しています。

あたりまえですが、ゲームはプレイヤーなしでは始まらない。ですから、そこでは〝自分がいなきゃだめだ！〟という実感が持てる。存在だけで肯定される充足感を味わう。また、中断したあとの、〝ようこそ、お帰りになりました……〟というメッセージを通して、歓迎される心地《ここち》よさを味わう。どこにも居場所を見つけられないでいた子ど

数　　学

〔1〕次の(1)〜(10)の問いに答えなさい。

(1)　$-4+(-9)\div 3$　を計算しなさい。

(2)　$(a-2b)\times(-3a)$　を計算しなさい。

(3)　$24a^4\div 6a^2\times 2a$　を計算しなさい。

(4)　$x=\dfrac{2}{3}$ のとき，$(x+7)^2-(x+3)(x+8)$　の値を求めなさい。

第7回

(5)　比例式　$\dfrac{1}{4}:\dfrac{5}{6}=12:x$　を解きなさい。

(6)　連立方程式　$\begin{cases} 9x-4y=2 \\ -3x+y=1 \end{cases}$　を解きなさい。

(7)　y は x に反比例し，対応する x，y の値が右の表のようになっているとき，p の値を求めなさい。

x	…	-2	…	0	…	4	…
y	…	-6	…	×	…	p	…

(8)　右の図のように，２点Ｏ，Ａがあり，２点Ｏ，Ａ間の距離は９㎝である。点Ａを，点Ｏを回転の中心として，時計の針の回転と同じ向きに80°だけ回転移動させたとき，点Ａが動いたあとの線の長さを求めなさい。ただし，円周率はπとする。

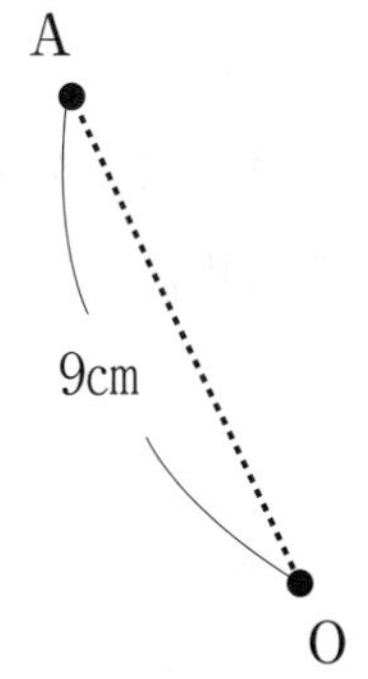

(9)　右の図のような五角形ＡＢＣＤＥで，$\angle x$の大きさを求めなさい。

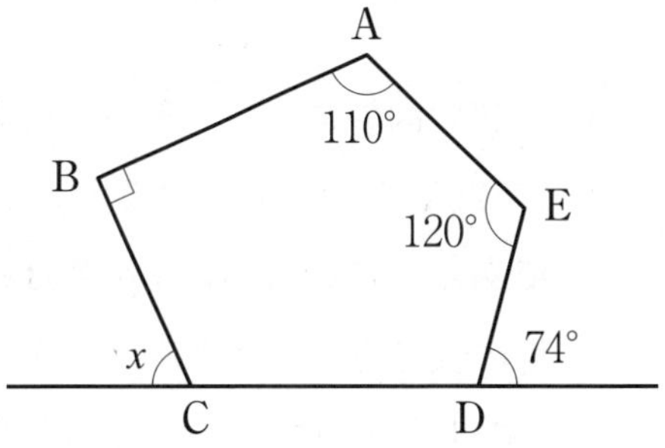

(10)　下の資料は，ある学級の男子生徒10人の50m走の記録を，値が小さい順に並べたものである。

（単位：秒）

7.2,	7.4,	7.4,	7.6,	7.7,	8.1,	8.1,	8.1,	8.4,	9.0

このとき，10人の記録の範囲と中央値を，それぞれ求めなさい。

〔**2**〕次の(1)〜(4)の問いに答えなさい。

(1) ある科学館の入館料は，大人２人と子ども１人では2200円であり，大人４人と子ども５人では5600円である。このとき，大人１人，子ども１人の入館料はそれぞれいくらか，求めなさい。

(2) １から６までの目のついたさいころが１つある。このとき，次の①，②の問いに答えなさい。

① このさいころを１回投げたとき，出た目の数が３以上となる確率を求めなさい。

② このさいころを２回投げたとき，出た目の数の積が１けたの自然数となる確率を求めなさい。

(3) 右の図のように，長さ10cmのばねがあり，このばねに120ｇのおもりをつるしたときのばねの長さは28cmである。このばねにxｇのおもりをつるしたときのばねの長さを$y$cmとすると，$0 \leqq x \leqq 200$の範囲で，yはxの１次関数である。このとき，次の①，②の問いに答えなさい。

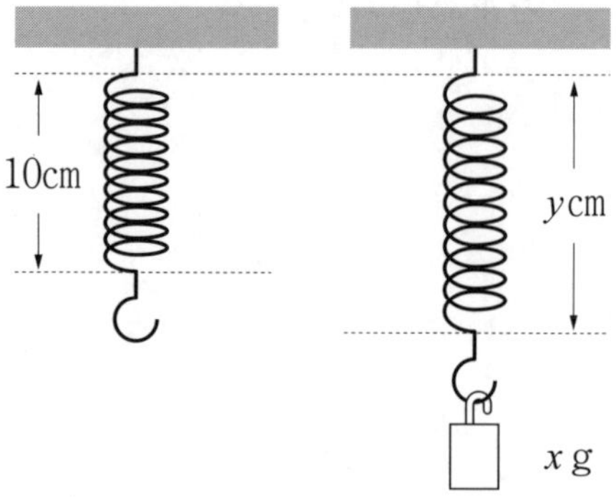

① おもりの重さが１ｇ増加するごとに，ばねの長さは何cmずつ長くなるか，求めなさい。

② このばねに60ｇのおもりをつるしたときのばねの長さを求めなさい。

(4) 下の図のような平行四辺形ＡＢＣＤがある。平行四辺形ＡＢＣＤの底辺をＢＣとしたときの高さＣＨを，定規とコンパスを用いて作図しなさい。ただし，作図は解答用紙に行い，作図に使った線は消さないで残しておくこと。

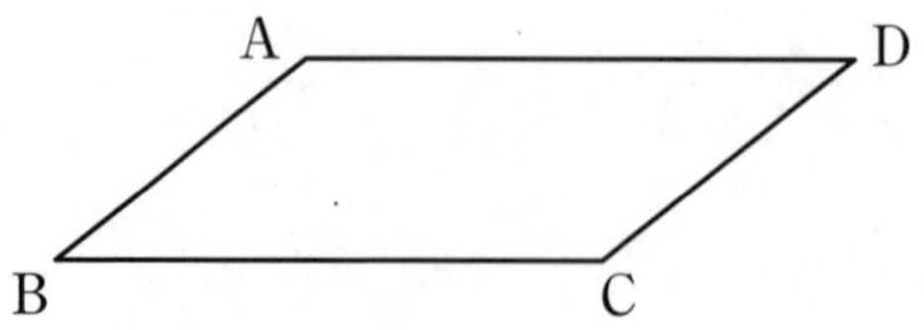

〔**3**〕右の図のように，$\angle ABC=90^\circ$ の直角三角形ＡＢＣがある。点Ｂから辺ＡＣに引いた垂線と辺ＡＣとの交点をＤとする。また，∠ＢＡＣの二等分線を引き，線分ＢＤ，辺ＢＣとの交点をそれぞれＥ，Ｆとする。このとき，△ＢＥＦが二等辺三角形であることを証明しなさい。

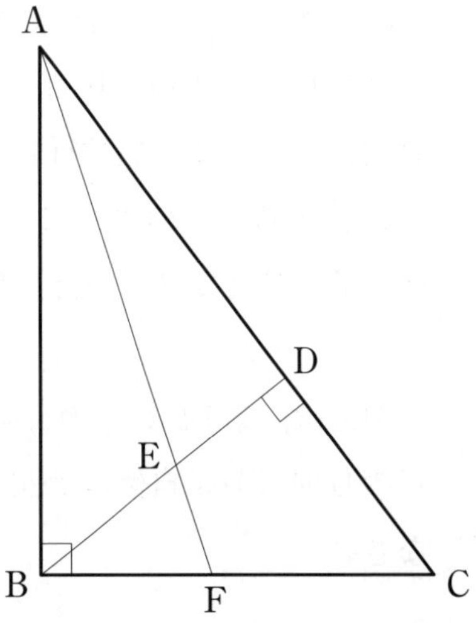

〔**4**〕下の図で，直線ℓは関数$y=-\dfrac{1}{2}x$のグラフ，直線mは関数$y=-2x+9$のグラフである。直線ℓ上に，x座標が-10となる点Ａをとる。直線mと，y軸，x軸，直線ℓとの交点をそれぞれＢ，Ｃ，Ｄとする。また，線分ＢＣ上を点Ｂから点Ｃまで動く点をＰとする。このとき，次の(1)〜(4)の問いに答えなさい。

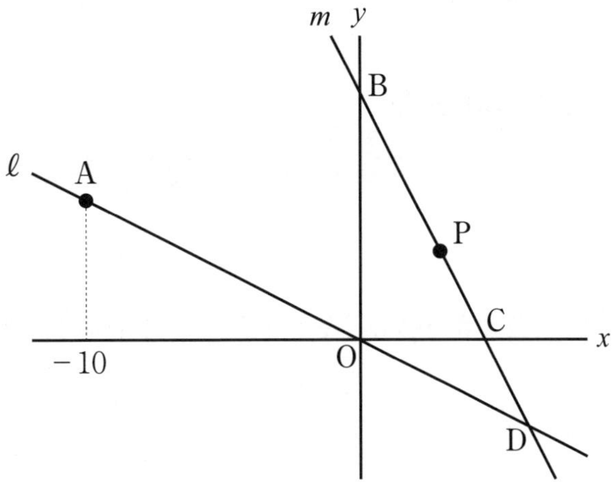

(1)　関数$y=-2x+9$について，xの変域が$1\leqq x\leqq 4$のとき，yの変域を求めなさい。

(2)　点Ｄの座標を求めなさい。

(3)　ＡＰ//x軸となるとき，線分ＡＰの長さを求めなさい。

(4)　△ＡＤＰと△ＢＯＤの面積が等しくなるとき，直線ＯＰの式を求めなさい。

〔**5**〕右の図のように，自然数を1から順に，1行につき4個ずつ並べる。左の列から順にA列，B列，C列，D列とし，上から奇数行目はA列からD列に向かって，偶数行目はD列からA列に向かって数が大きくなるように並べる。このようにして並べた自然数を，上から2行ずつ区切り，それぞれに並ぶ8個の自然数のグループを，上から順に第1群，第2群，第3群，…とする。

例えば，第1群の下の行のB列に並ぶ自然数は7であり，第3群の上の行のD列に並ぶ自然数は20である。このとき，次の(1)～(3)の問いに答えなさい。

	A	B	C	D
第1群	1	2	3	4
	8	7	6	5
第2群	9	10	11	12
	16	15	14	13
第3群	17	18	19	20
	・	・	・	21
⋮	・	・	・	・

(1) 次の①，②の自然数を求めなさい。

① 第7群の下の行のA列に並ぶ自然数

② 第14群の上の行のC列に並ぶ自然数

(2) 次の①，②の自然数を，nを用いて表しなさい。ただし，nは自然数とする。

① 第n群の下の行のA列に並ぶ自然数

② 第n群の上の行のC列に並ぶ自然数

(3) 縦に連続して3個並ぶ自然数の和が200となるとき，この3個の自然数を求めなさい。

〔6〕下の図は，三角柱の展開図であり，ＢＣ＝12cm，ＢＤ＝13cm，ＣＤ＝5cm，∠ＢＣＤ＝90°である。また，四角形ＤＥＨＩは正方形である。**この展開図を組み立ててできる三角柱**について，次の(1)～(3)の問いに答えなさい。

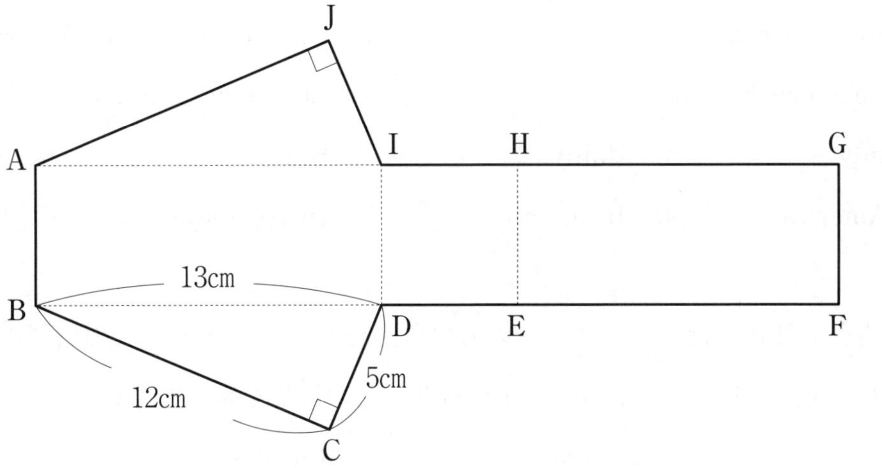

(1)　点Ａと重なっている点を答えなさい。

(2)　面ＥＦＧＨと平行な辺を答えなさい。

(3)　４点Ａ，Ｂ，Ｃ，Ｄを頂点とする立体について，次の①，②の問いに答えなさい。

①　体積を求めなさい。

②　表面積を求めなさい。

英　　　　語

〔1〕 放送を聞いて，次の(1)～(3)の問いに答えなさい。

(1) これから英文を読み，それについての質問をします。それぞれの質問に対する答えとして最も適当なものを，次のア～エから一つずつ選び，その符号を書きなさい。

1　ア　March.　　イ　April.　　ウ　May.　　エ　June.

2　ア　She played tennis.　　イ　She studied with her friend.

　ウ　She cleaned her room.　　エ　She cooked breakfast.

3　ア　Cloudy.　　イ　Rainy.　　ウ　Sunny.　　エ　Snowy.

4　ア　In America.　　イ　In Japan.　　ウ　In Australia.　　エ　In China.

(2) これから英語で対話を行い，それについての質問をします。それぞれの質問に対する答えとして最も適当なものを，次のア～エから一つずつ選び，その符号を書きなさい。

1　ア　TV.　　イ　Music.　　ウ　Baseball.　　エ　Soccer.

2　ア　At 2:00.　　イ　At 2:10.　　ウ　At 2:20.　　エ　At 2:30.

3　ア　Because he wants to go there with Akiko.

　イ　Because he wants to buy a new camera.

　ウ　Because he wants to take some pictures.

　エ　Because he wants to enjoy fishing.

4　ア

イ

ウ

エ

(3) これから，中学生のマユミ（Mayumi）が英語の授業でスピーチをします。そのスピーチについて，四つの質問をします。それぞれの質問の答えとなるように，次の1～4の［　　］の中に当てはまる英語を1語ずつ書きなさい。ただし，数字も英語のつづりで書くこと。

1 Because her sister is ［　　］ to everyone.

2 She wants to be a ［　　］.

3 He always says, “Having a ［　　］ is good.”

4 ［　　］ countries.

〔2〕 次の英文を読んで，あとの(1)～(7)の問いに答えなさい。

Haruo is a high school student in Niigata. Karen is a student from Hawaii, America, and she studies at Haruo's school. They are talking after school.

Karen : What did you do last weekend, Haruo?

Haruo : I went to the beach with my family.

Karen : Did you enjoy it?

Haruo : Yes, I did. But the beach wasn't clean, so after A [eat] lunch, we cleaned it and collected many plastic bottles and plastic bags there.

Karen : Oh, I also cleaned a beach and collected them with my friends in Hawaii last year. The letters on some of them were Japanese. I was surprised because they traveled so far.

Haruo : I think plastic garbage is a problem around the world.

Karen : Yes. It doesn't disappear naturally from the beaches and the sea. It's not (B) for the environment.

Haruo : Yesterday I C [get] a magazine. I read an article in it about other problems of plastic garbage.

Karen : Really? Haruo, D [tell, can, me, you] about the article?

Haruo : Sure. Many animals in the sea eat plastic garbage because they think it's food, and then they can't digest it and won't eat any more food.

Karen : And E many of them die, right?

Haruo : Yes. So F [have, think, we, to] about ways to reduce plastic garbage. I heard some Japanese high school students are trying to clean the sea with fishers. They collect garbage from the bottom of the sea, and then the students tell the world about the action. I also heard there is much plastic garbage in it.

Karen : Doing it with fishers is difficult for us now, but we should start reducing plastic garbage. Haruo, what can we do?

Haruo : We can bring our own canteens to school and take our own bags for shopping.

Karen : Good. G These actions are small, but I think doing something for the environment is important for us.

Haruo : [H] If many high school students do something to reduce plastic garbage, the environment of the beaches and the sea will be better. So, let's start talking about the problems with our friends first!

Karen : OK, Haruo!

(注) high school　高校　Hawaii　ハワイ　collect　集める　plastic bottle　ペットボトル
plastic bag　ポリ袋　letter　文字　travel　旅をする，行く
plastic garbage　プラスチックごみ　disappear　消える　naturally　自然に
environment　環境　magazine　雑誌　article　記事　digest　消化する
not ～ any more　もうこれ以上～しない　reduce　減らす　heard　hearの過去形
fisher　漁師　bottom　底　action　行動　should ～　～すべきである　canteen　水筒

(1) 文中のA，Cの □ の中の語を，それぞれ最も適当な形(１語)に直して書きなさい。

(2) 文中のBの(　　)に入る最も適当なものを，次のア～エから一つ選び，その符号を書きなさい。

ア　good　イ　clean　ウ　light　エ　favorite

(3) 文中のD，Fの □ の中の語を，それぞれ正しい順序に並べ替えて書きなさい。

(4) 下線部分Eに関して，海の多くの動物が死ぬ理由を次のように日本語で表すとき，(　　)に適する日本語を書きなさい。

海の多くの動物は(　　　　　　　　　　)，その後それを消化できずにそれ以上の食べ物を食べなくなるから。

(5) 下線部分Gについて，その内容を，具体的に日本語で書きなさい。ただし，文末を「～こと。」の形にすること。

(6) 文中のHの □ に入る最も適当なものを，次のア～エから一つ選び，その符号を書きなさい。

ア　I don't like it.　イ　I'll take it.
ウ　Excuse me.　エ　I think so, too.

(7) 本文の内容に合っているものを，次のア～オから一つ選び，その符号を書きなさい。

ア　Haruo and his family cleaned the beach with Karen and her friends last weekend.
イ　Haruo read an article and learned some of Japanese garbage is traveling so far.
ウ　Some high school students in Japan cleaned the sea with fishers.
エ　Karen and Haruo will work with fishers to reduce plastic garbage in the sea.
オ　Haruo wants to talk about the garbage problems with their friends, but Karen doesn't.

〔３〕 次の(1)～(3)の日本語を英語に直しなさい。

(1) このノートはいくらですか。

(2) 私は２時間前には私のコンピュータを使っていました。

(3) この箱は３つの中でいちばん重いです。

〔4〕 次の，中学生のタエコ(Taeko)が書いた英語の文章を読んで，あとの(1)～(7)の問いに答えなさい。

Last winter, we had the chorus contest in our junior high school. I was the leader of the alto part. [a]

The song of my class was difficult, but my part members learned to sing it well soon. I felt we were taking the first step, and I became happy. Then, I hoped that the voice of my part would be more cheerful. So, I always said to my part members, "Sing in a big voice!" We sang in a bigger voice. I was glad because I thought our voice was getting better. [b] I thought I was working well as a leader.

[c] Some days later, Sayaka, the conductor, said, "All the part leaders, come to the front, and listen to the chorus." I listened to the chorus. I found the voice of the alto part was often too big, so I was very shocked. I thought, "My advice was only for the alto part. I didn't think about the other parts." Then, Sayaka said, "Leaders, tell your part members the things to do. And start your part practice." In the part practice, I could not say anything about their voices.

After the practice, I was going home with Sayaka without saying anything. I was thinking only about my job as a leader. Sayaka said to me, "What are you (A) about? You look sad. [d]" I answered, "The voice of my part was often too big because my advice as a leader wasn't good. But ... I thought, 'My part members may think I'm a bad leader,' so B I could not tell the members about it." Sayaka looked a little surprised and said, "I also found the bad point of our chorus, but I didn't tell it to anyone as the conductor. I thought I should give advice to the members, but I left it to the part leaders." She continued, "I'm sorry, Taeko. (C)" I said, "No, it's not because of you. I didn't lead my part members well." After some time, we decided to try to be better leaders.

The next day, when we were singing together with all the classmates, Sayaka said to everyone, "Start the song in a small voice. From here, a little bigger." Sayaka gave good advice and led everyone better. Then I looked at my part members. [e] In the part practice, I said to the members, "I have something to tell you. D I always said to you, 'Sing in a big voice,' but it took the beautiful harmony away from the chorus." They looked at each other and smiled. One of them said, "Really? Was our voice too big?" Another member said, "Thank you for telling us, Taeko. Please give us more advice. You are our leader!" Their words were warm. I was really happy when I heard them. Then, I said, "OK, everyone. Let's start our part practice again!"

(注) chorus contest　合唱コンクール　　leader　リーダー　　alto part　アルトパート
learn to ～　～できるようになる　　felt　feel の過去形　　step　段階　　would　will の過去形
cheerful　元気のよい　　conductor　指揮者　　found　find の過去形
shocked　ショックを受けた　　advice　助言　　anyone　だれ（に）も
should ～　～すべきである　　left ～ to ...　～を...に任せた（left は leave「任せる」の過去形）
because of ～　～のせいで　　lead　導く　　led　lead の過去形
take ～ away from …　～を…から取り去る　　harmony　ハーモニー　　heard　hear の過去形

(1) 次の英文は，文中のa～eの［　　　］のどこに入れるのが最も適当か。当てはまる符号を書きなさい。

I thought I must tell the bad points to them.

(2) 文中のAの（　　）に入る最も適当なものを，次のア～エから一つ選び，その符号を書きなさい。

ア　making　　イ　talking　　ウ　worrying　　エ　enjoying

(3) 下線部分Bについて，タエコがそのような状態になったのは，どのようなことを考えたからか。その内容を，具体的に日本語で書きなさい。ただし，文末を「～考えたから。」の形にすること。

(4) 文中のCの（　　）の中に入る最も適当なものを，次のア～エから一つ選び，その符号を書きなさい。

ア　You must give good advice to your part members soon.
イ　I understand you are having a hard time now.
ウ　I think you and I are very good leaders.
エ　You must stop working as a leader of the alto part.

(5) 下線部分Dについて，その結果起きたことは何か。その内容を，具体的に日本語で書きなさい。

(6) 次の①～③の問いに対する答えを，それぞれ３語以上の英文で書きなさい。

① Was the song of Taeko's class easy?
② Why was Taeko shocked when she listened to the chorus?
③ What did Taeko and Sayaka decide to do?

(7) 本文の内容に合っているものを，次のア～オから一つ選び，その符号を書きなさい。

ア　Taeko didn't say that the alto part members should sing in a big voice.
イ　Taeko didn't tell Sayaka about the alto part when they went home together.
ウ　Taeko didn't like the alto part, so she wanted to join another part.
エ　The alto part members of the chorus were angry because Taeko didn't give them good advice.
オ　Taeko was very happy when she heard the words of the alto part members.

第７回 実戦問題　国 語

区分コード・受験番号(右よせ)・氏名を正確に記入しなさい。

区分コード	受験番号	氏名	得点

〔一〕

(一)	1	退　けて	2	源
(一)	3	好敵手	4	吸引力
(一)	5	度胸	6	貧困
(二)	1	ホキュウ	2	ゲキドウ
(二)	3	ケイサツカン	4	ツト　める
(二)	5	ロクガ	6	ドクソウテキ

〔二〕

(一)

(二)

(三)　逃げ込ん　重ね

(四)　①（13）　②（9）

(五)

〔三〕

(一)

(二)（30）

(三)　①　②

(四)

(五)（60）

〔四〕

(一)　A　B

(二)（15）

(三)

(四)　はじめ　終わり　から。

(五)（100）

第７回　実戦問題　数学

区分コード・受験番号(右よせ)・氏名を正確に記入しなさい。

区分コード	受験番号	氏名	得点

〔1〕

(1)		(2)		(3)	
(4)		(5)	$x=$	(6)	$x=$　　$,y=$
(7)	$p=$	(8)	cm	(9)	$\angle x=$　　度
(10)	範囲　　秒		中央値　　秒		

〔2〕

(1)		答　大人　　円 子ども　　円
(2)	①	答
	②	答
(3)	①	答　　cm
	②	答　　cm
(4)		

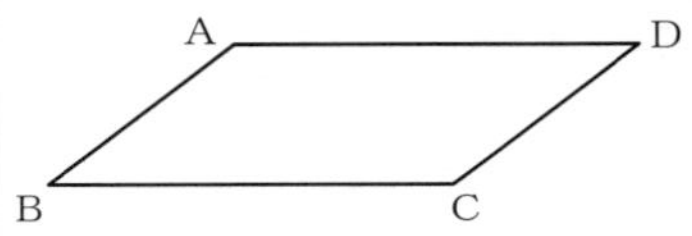

〔3〕

(証明)

〔4〕

(1)	答　　$\leqq y \leqq$
(2)	答　(　　,　　)
(3)	答
(4)	答　$y=$

〔5〕

(1)	①	答
	②	答
(2)	①	答
	②	答
(3)		答

〔6〕

(1)		答　点
(2)		答　辺
(3)	①	答　　cm^3
	②	答　　cm^2

第7回　実戦問題　英語

区分コード・受験番号(右よせ)・氏名を正確に記入しなさい。

区分コード	受験番号	氏名	得点

〔1〕

(1)	1		2	
	3		4	
(2)	1		2	
	3		4	
(3)	1		2	
	3		4	

〔2〕

(1)	A		C	
(2)				
(3)	D			
	F			
(4)				
(5)				
(6)				
(7)				

〔3〕

(1)	
(2)	
(3)	

〔4〕

(1)		
(2)		
(3)		
(4)		
(5)		
(6)	①	
	②	
	③	
(7)		

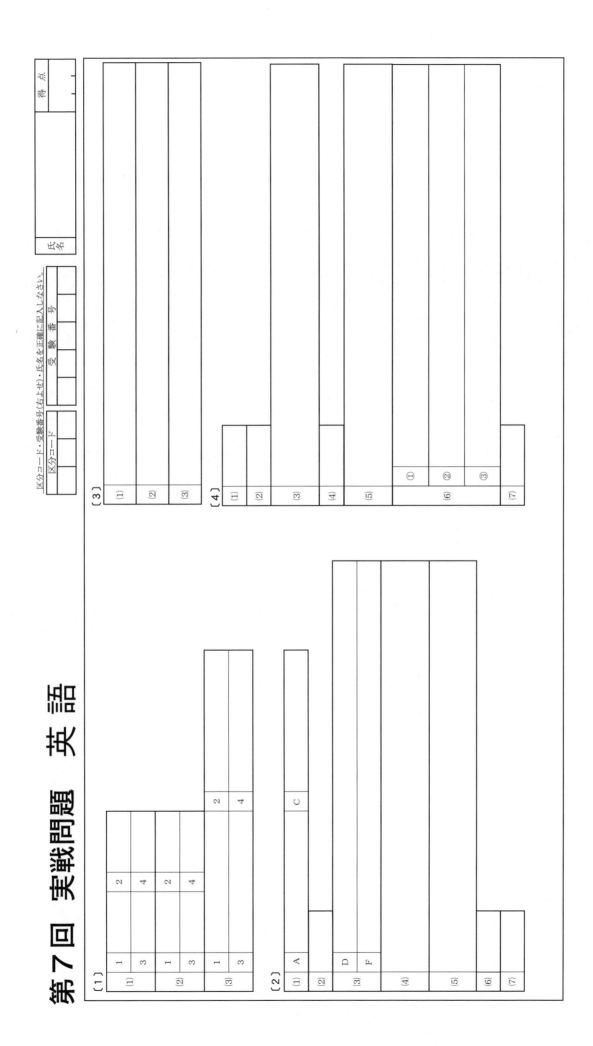

くための唯一《ゆいいつ》の力になっているんです。（中略）私が感じる彼のやさしさは〝厳しさ〟で、心から感謝しています。口にすると、涙が出ます。
親は子を思うからこそ厳しい言葉をかけることがありますよね。「早く寝なさい」とか「嫌いなものも残さず食べなさい」って。子どもはそれをうるさく感じるかもしれないけれど、後からそれが愛情だって気づく。そんな愛情に近い厳しさを、彼から受け取ってきた気がします」（「いい時も悪い時も2人で一緒に歩いてきた　松任谷正隆・由実夫妻が語る「やさしい夫婦カンケイ」」「ＡＥＲＡ」二〇一五年一月十二日号）

結局、何をやさしさと感じるかは、受け手が何を求めているかによる。

何をやさしさと感じるか。どんなかかわり方が心地よいか。その感受性がずれていると、お互いに相手のやさしさをなかなか理解できない。

自分はどんなやさしさを求めているのか。そのやさしさで本当に満足なのか。そのような視点をもって、日常のかかわりを振り返ってみる必要がありそうだ。

（榎本　博明「『やさしさ』過剰《かじょう》社会」より　一部改）

㈠　文章中の［Ａ］に最もよく当てはまる言葉を、次のア～エから一つ選び、その符号を書きなさい。

ア　唐突に　　イ　曖昧《あいまい》に　　ウ　故意に　　エ　率直に

㈡　次の［　］内の文は、――線部分⑴の「今風のやさしさを発揮する人」とはどういう人なのか、筆者の考えを説明したものである。［ア］・［イ］に当てはまる言葉を、それぞれの指定字数にしたがって文章中から抜き出して、書きなさい。

> たとえ［ア（五字）］になるようなことでも、それを言うことで［イ（十字）］と思い、黙ってしまう人。

㈢　――線部分⑵の「そういうこと」が指している内容を、二十字以内で書きなさい。

㈣　相手のやさしさを理解できるのはどういう場合か。五十字以内で書きなさい。

㈤　筆者が考える本当のやさしさとはどういうものか。また、やさしさを受ける側としてはどのような態度が必要か。百字以内で書きなさい。

〔**四**〕 次の文章を読んで、㈠～㈤の問いに答えなさい。

自分の思うことをハッキリ言う。その考え方はおかしいと思えば、そのことをきちんと指摘する。これは相手のためにならないと思えば、意見することによってたとえ気まずくなろうとも、ハッキリ言っておかなければと思う。そのようなタイプの人は、今風のやさしさの基準からすれば、「きつい人」「やさしくない人」ということになるのだろう。

だが、気まずくなりたくないというやさしさだけでいいのだろうか。心の中で思っていることがあり、相手に気づかせたいと思っても、それを言ってあげた方が相手のためになるようなことであっても、気まずくなりたくないために隠して表面だけ合わせる。そんな関係はなんだか淋《さび》しい。

やさしさというのは、自分のためだけを考えるのではなく、相手のためを思うことでなければならない。

そう考えると、気まずくなりたくないからといって言うべきことも言わず、調子のよい言葉をかけるだけの恋人《こいびと》よりも、自分の価値観からしてこれは相手のために言うべきだと思うことを［ A ］ぶつけてくる恋人の方がやさしいのではないだろうか。

その場が気まずくなり、相手が少なくとも一時的には傷つくということを考えると、(1)今風のやさしさを発揮する人の気持ちもわからないわけではない。

でも、たとえば恋人が意識せずにだれかに失礼な態度を取っているとき、それを注意しないのはやさしさだろうか。恋人の態度がどうみても自分勝手で、職場の同僚《どうりょう》なり友だちなりを傷つけていると思うとき、それを指摘しないのがやさしさだろうか。

恋人の自己中心的な態度のせいで周囲の人たちが嫌な思いをしており、その恋人が周囲から白い目で見られている可能性を感じるとしたなら、そこを注意してあげるのがやさしさなのではないか。

大事なポイントは、相手に対するやさしい気持ちの深さだ。

相手のことを思い、気まずくなっても注意するのが本当のやさしさであって、傷つけて気まずくなりたくないからと黙《だま》っているのは表面上の浅いやさしさ、やさしさというより保身と言うべきだろう。

人から反対されれば、だれだって傷つく。こっちの提案や意見に対して、

「いいね、賛成！」

「そうだよね、そう思うよね」

「それは良い考えだね」

などと賛同してもらうと嬉《うれ》しいし、気分がいい。

「そんな考えはよくないんじゃない？」

「ちょっと安易すぎないか？」

「本当にそれでいいのか？」

などと疑問を突きつけられると、ケチをつけられたような気がして気分が悪くなるという人もいる。

だが、思わぬ盲点《もうてん》、見逃していた点に気づくことができるから、そのような意見は参考になるし、(2)そういうことを言ってくれる人は貴重な存在だとも言える。

歌手の松任谷《まつとうや》由実《ゆみ》は、夫である松任谷正隆《まさたか》のやさしさについて、つぎのように語っている。

「ドキュメンタリーか何かで私たちの制作風景を見た人はわかるかもしれませんが、彼は人前で容赦《ようしゃ》なく私を叱ります。年齢的にも、立場的にも、伸びしろが少なくなってきた私にとっては、とてもありがたい。（中略）彼が教えてくれたことが、今の私にとって前に進んでい

(一) 〰〰線部分①の「うるはしく」・〰〰線部分②の「惑ひ」を、それぞれ現代かなづかいに直し、すべてひらがなで書きなさい。

(二) ――線部分(1)の「ののしりけり」と――線部分(5)「ののしりける」は、意味が異なる。それぞれの意味として最も適当なものを、次のア～オから一つずつ選び、その符号を書きなさい。

ア　うらやましがった
イ　大騒《さわ》ぎをした
ウ　ひどく批判した
エ　評判し合った
オ　先を争った

(三) ――線部分(2)について、右大臣はなぜ納得がいかなかったのか。その理由を現代語で、四十字以内で書きなさい。

(四) ――線部分(3)の「あからめもせずしてまもりて」の意味として最も適当なものを、次のア～エから一つ選び、その符号を書きなさい。

ア　少しも飽《あ》きることなく眺め続けて
イ　わき目も振らずにじっと見つめて
ウ　仏に身分を悟られないように注意して
エ　誰の目にも触れさせずに守り続けて

(五) ――線部分(4)について、右大臣が当時の人々にこのように思われたのはなぜか。その理由を現代語で六十字以内で書きなさい。

〔三〕 次のAの文章は、「宇治拾遺物語」の一部である。また、Bの文章はAの文章について述べたものである。この二つの文章を読んで、(一)～(五)の問いに答えなさい。

A

昔、延喜《えんぎ》の御門《みかど》の御時《おほんとき》、五条の天神のあたりに、大きなる《大きな》柿《かき》の木の実ならぬあり《柿の木だが実がならない木があった》。その木の上に仏《ほとけ》現れておはします。京中の人《京都中の人々が》こぞりて参りけり。馬、車も立てあへず、人も《馬も車も止めるすきまもなく、人も》せきあへず《せき止めることができないほど集まって》、拝み(1)ののしりけり。

かくする程《ほど》に《こうしているうちに》、五、六日あるに、(2)右大臣殿《うだいじんどの》心得《こころえ》ず思《おぼ》し給《たま》ひ《納得がいかないとお思い》ける間《になり》、「まことの仏の、世の末に出《い》で給ふべきにあらず《この世の末の時代にお出ましになるはずはない》。我《われ》行きて試《こころ》みん」と思して、日の装束①うるはしくして《正装の服装をきちんとお召《め》しになり、》檳榔《びりやう》の車に乗りて《牛車に乗り、》、御前《おんさき》《先払《さきばら》いの供を多く連れて》多く具《ぐ》して、集《あつま》りつどひたる者ども退《の》けさせて、車かけはづして榻《しぢ》を立てて《車から牛を外して、牛をつないでいた棒を榻に乗せて車を固定し》、梢《こずゑ》を目もたたかず、(3)あからめもせずしてまもりて、一時ばかりおはするに、この仏、しばしこそ花も降らせ、光をも放ち給ひけれ、あまりにあまりにまもられて、しわびて《疲れ果てて》、大きなる糞鳶《くそとび》の羽折れたる、土に落ちて②惑《まど》ひふためく《慌《あわ》てふためいてばたつくのを》を、童部《わらはべ》ども寄りて打ち殺してけり。大臣《おとど》は「さればこそ《やはり思ったとおりだった》」とて、帰り給ひぬ。

さて、時の人《そこで、当時の人々は》、この大臣を(4)いみじくかしこき人にておはしますとぞ(5)ののしりける。

B

はるか昔から、「実のならぬ木には神が宿る」と言われていたが、すでに五、六日を過ぎているというのに、柿の木の上に現れた仏はそのまま居続け、京都中の人々が参拝のために毎日仏に群がっていた。それを聞いた右大臣は、正装をして供を連れて牛車でおもむき、約二時間その仏と対峙《たいじ》した。その結果、仏の正体が暴かれることになる。右大臣は「外道（邪悪《じゃあく》な心をもつもの）の術は七日以上はもたない」という言い伝えを知っていたことから、七日目にあたるこの日に、仏の真偽を確かめようとしたのだった。

(注) 延喜の御門の御時＝醍醐《だいご》天皇（八八五～九三〇）が世を治めていた時代。
五条の天神＝現在の京都府下京区に建つ神社。
右大臣殿＝右大臣は役職名。源光《みなもとのひかる》がその任に就《つ》いていたと言われている。
檳榔の車＝牛車のこと。
榻＝乗り降りに使う踏み台。
先払いの供＝身分が高い人が外出をする時に、進みやすくするため前方の通行人を追い立てる人。
一時＝約二時間。
糞鳶＝中型の鷹《たか》の一種である「のすり」のこと。

う。[B]、リスクの中には、その評価の妥当性を巡って非常に論争的なものもあり、また、対処の方法がそもそもあるのか、それが適切かどうかに関しては、批評的な懐疑《かいぎ》を維持《いじ》することこそが健全な態度と言うべきだろう。

（平野　啓一郎「自由のこれから」より　一部改）

(注)　リスク＝危険、危機。
コスト＝費用。
マネジメント＝管理。
アセスメント＝この場合、リスクが及ぼす影響に対する予測を意味する。

(一)　――線部分(1)の「予防」と、構成（組み立て、成り立ち）が同じ熟語を、次のア～オから一つ選び、その符号を書きなさい。

ア　達成　　イ　向上　　ウ　実行　　エ　国立　　オ　落選

(二)　――線部分(2)の「大いに」と同じ品詞を、次のア～エの――線部分から一つ選び、その符号を書きなさい。

ア　君が入部を許されたのは、すなわち能力を認められたということだ。

イ　私はまだ、今回起きた出来事の事情がくわしく飲みこめていません。

ウ　試合の前夜は、高ぶる気持ちをおさえられずに眠れないことが多い。

エ　寒い廊下で長時間待たされた彼は、少し腹を立てていたようだった。

(三)　文章中の[A]に当てはまる内容として最も適当なものを、次のア～エから一つ選び、その符号を書きなさい。

ア　リスクが現実化しなかった

イ　リスクマネジメントが必要とされた

ウ　想定外のリスクが起こった

エ　マネジメントの評価が妥当だった

(四)　文章中の[B]に最もよく当てはまる言葉を、次のア～エから一つ選び、その符号を書きなさい。

ア　しかし　　イ　たとえば　　ウ　つまり　　エ　なぜなら

(五)　この文章の内容を説明したものとして最も適当なものを、次のア～エから一つ選び、その符号を書きなさい。

ア　あらゆるリスクにはすべて対処の方法が存在することから、リスク管理は必要不可欠なものである。

イ　リスク管理とは危険の予防が目的であるが、その方法が適切かどうかは常に批評されるべきである。

ウ　リスクに対して「想定外」は起こりえないが、そなえが万全でもそれが生かされない場合もある。

エ　人命が関わるような重大なリスクほど、アセスメントにこだわらないリスク管理が必要である。

国　　語

〔一〕　次の㈠、㈡の問いに答えなさい。

㈠　次の1～6について、――線をつけた漢字の部分の読みがなを書きなさい。

1　健康のためには屋外で運動するのもよい。
2　昔の因習にとらわれると新たな発見がない。
3　自らの罪を反省し、償いをする。
4　長年の夢をかなえるために尽力する。
5　古い絵画を新しい額縁に付け替える。
6　彼にはまだ手つかずの仕事が山積している。

㈡　次の1～6について、――線をつけたカタカナの部分に当てはまる漢字を書きなさい。

1　祖父は昔、ハイユウをしていたらしい。
2　弟の悪ふざけはシマツにおえない。
3　彼女はひどくアセっていたようだった。
4　いつもとチガうことをしたら怒られた。
5　皆で相談して問題の解決をハカる。
6　父は公園をセイビする仕事をしています。

第8回

〔二〕　次の文章を読んで、㈠～㈤の問いに答えなさい。

リスク管理とは、まだ起きていない事柄《ことがら》をいかに(1)予防するか、である。

殊に、人命が関わる問題では、起きてから対処したのでは取り返しがつかない。コスト管理の観点からも、起きる前の対処の重要性は認識されており、だからこそ、この「予防」という発想は、まず医学の領域で顕著《けんちょ》に確認されるようになった。

また、東日本大震災以降は、自然災害をいかに予知し、またそれにそなえるかといった意識が高まり、福島第一原発事故で繰り返された「想定外」という言葉に対しては、強い批判の声が挙がった。

個人宅で防災グッズを買いそろえている人も少なくないだろうが、そもそも地震の予知は可能なのかについては(2)大いに議論があり、またどんなに家に防災グッズがあっても、外出していて、上から物が落ちてきて死んだのでは意味がない。

リスク管理というのは、できることなら、それに越したことはないが、はたしてどの程度、効果があるのか？

医療《いりょう》社会学者の美馬《みま》達哉《たつや》氏は、『リスク化される身体』の中で、「〔A〕場合に、①リスクマネジメントが成功して予防できた、②リスクマネジメントと無関係にたんにリスクが現実化しなかった、③アセスメントが誤っておりリスクマネジメントするほどの高い確率で生じるリスクではなかった、のどれであったのかを客観的に判断することはきわめて難しい」と指摘している。

私は、ワクチンの予防接種には一切意味がない、といった類《たぐい》の主張に加担するつもりはない。喫煙《きつえん》のリスクや覚醒剤《かくせいざい》の使用のリスクなどは、医学的な根拠に基づいて、法的に管理されるべきだとも思

数　　学

〔1〕次の(1)～(10)の問いに答えなさい。

(1)　$-9\times2+11$　を計算しなさい。

(2)　$7a+2b-4(2a-b)$　を計算しなさい。

(3)　$(6x^2+15xy)\div3x$　を計算しなさい。

(4)　$(a-7)^2$　を展開しなさい。

(5)　方程式　$0.3x+1.4=0.5x+3$　を解きなさい。

(6)　連立方程式 $\begin{cases}2x-3y=9\\4x-7y=15\end{cases}$　を解きなさい。

(7)　yはxに比例し，$x=-4$のとき$y=36$である。$x=3$のときのyの値を答えなさい。

⑻　右の図のように，△ＡＢＣの頂点Ａを通る直線ℓと，辺ＢＣと重なる直線mがある。$\ell /\!/ m$であるとき，$\angle x$の大きさを答えなさい。

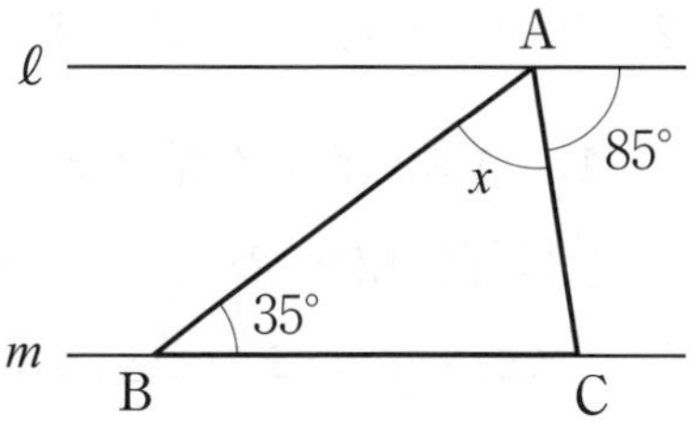

⑼　右の図のように，直方体ＡＢＣＤ－ＥＦＧＨがある。直線ＢＣとねじれの位置にある直線を，次のア～カから二つ選び，その符号を書きなさい。

ア　直線ＡＢ　　イ　直線ＡＤ　　ウ　直線ＣＧ
エ　直線ＤＨ　　オ　直線ＥＦ　　カ　直線ＥＨ

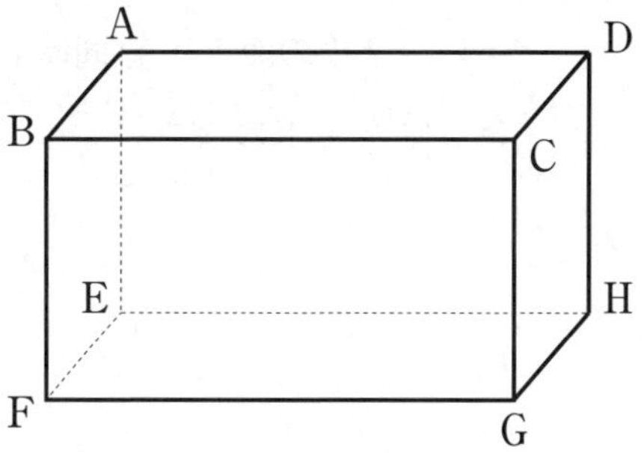

⑽　次のデータは，けん玉の大会に出場した10人の選手が，ある技に連続で成功した回数を調べ，少ないほうから順に整理したものである。

（単位：回）

2，	3，	4，	6，	6，	9，	10，	12，	13，	17

第１四分位数，第２四分位数，第３四分位数をそれぞれ答えなさい。また，四分位範囲を答えなさい。

〔2〕次の(1)〜(4)の問いに答えなさい。

(1)　A地点からC地点まで続く1500mの道があり，その途中にB地点がある。A地点からB地点までは毎分120mの速さで走り，B地点からC地点までは毎分60mの速さで歩いたところ，全体で20分かかった。このとき，A地点からB地点まで，B地点からC地点まで進むのにかかった時間はそれぞれ何分か，求めなさい。

(2)　箱の中に，数字を書いた4枚のカード[1]，[2]，[4]，[8]が入っている。これらをよくかき混ぜてから，2枚のカードを同時に取り出すとき，それぞれのカードに書かれている数の積が8の倍数となる確率を求めなさい。

(3)　504を自然数aでわった商が，ある自然数の2乗となるようなaのうち，最も小さいものを求めなさい。

(4)　下の図のように，線分AB上に点Pがある。点Pを通り線分ABに垂直な直線上にあり，AB＝AQとなる点Qを，定規とコンパスを用いて作図しなさい。ただし，点Qは線分ABより上側にあるものとする。また，作図は解答用紙に行い，作図に使った線は消さないで残しておくこと。

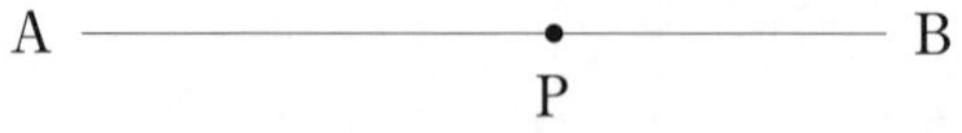

〔**3**〕右の図のように，∠ＡＢＣが鋭角である平行四辺形ＡＢＣＤがある。辺ＡＢ上にＣＢ＝ＣＥとなる点Ｅをとり，辺ＣＤ上に∠ＡＦＤ＝90°となる点Ｆをとる。また，直線ＣＥについて点Ｂと反対側に∠ＤＡＦ＝∠ＥＣＧ，∠ＣＧＥ＝90°となる点Ｇをとる。このとき，△ＡＦＤ≡△ＣＧＥであることを証明しなさい。

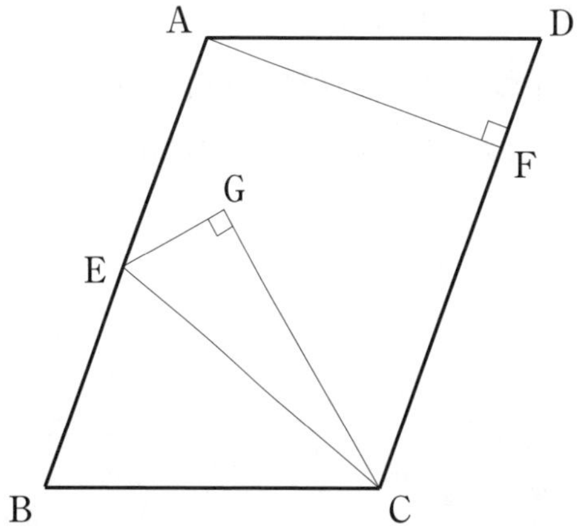

〔**4**〕右の図１のように，底面の半径が６㎝，高さが14㎝の円柱の形をした容器に，底面から10㎝の高さまで水が入っている。また，図２のような半径２㎝の球の形をしたおもりがたくさんある。このとき，次の(1)～(3)の問いに答えなさい。ただし，円周率はπとする。

図1

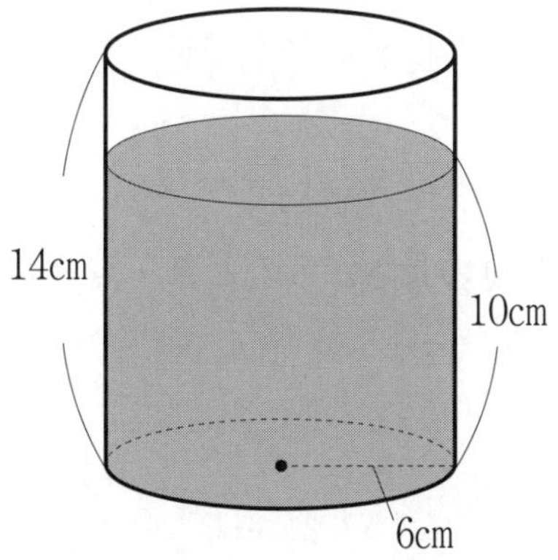

図2

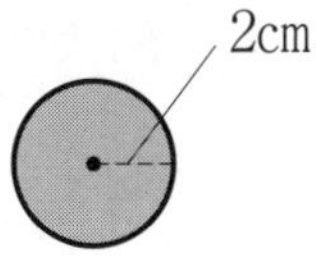

(1)　図１の容器に入っている水の体積を求めなさい。

(2)　図２のおもり１個の体積を求めなさい。

(3)　図１の容器の中に，図２のおもりを１個ずつ静かに沈めていくとき，初めて容器から水があふれるのは，何個目のおもりを沈めたときか，求めなさい。ただし，おもりは完全に水中に沈めるものとする。

〔**5**〕下の図のように，関数$y=\dfrac{1}{3}x+4$のグラフ上に，x座標が0以上となる点Pをとる。点Pを通り，y軸に平行な直線とx軸との交点をQとする。また，x軸上に，△ＰＱＲの面積が15となる点Rをとる。このとき，次の(1)～(4)の問いに答えなさい。ただし，点Rのx座標は点Pのx座標より大きいものとする。

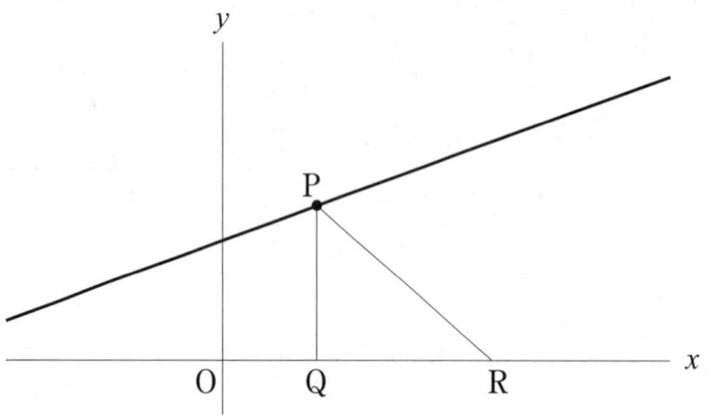

(1)　関数$y=\dfrac{1}{3}x+4$について，xの値が-6から9まで増加するときのyの増加量を求めなさい。

(2)　線分ＰＱの長さが8のとき，点Pの座標を求めなさい。

(3)　点Pのx座標が3のとき，点Rのx座標を求めなさい。

(4)　次の［　ア　］には当てはまる式を，［　イ　］には当てはまる数を，それぞれ答えなさい。

線分ＰＱの長さをa，線分ＱＲの長さをbとすると，aとbの関係は，$b=$［　ア　］と表される。また，bの変域は，$0<b\leqq$［　イ　］である。

〔6〕下の図1のように，1辺の長さが10cmの正方形と正三角形を規則的に並べる。このとき，1番目の正方形は左から1個目の図形，2番目の正方形は左から6個目の図形，3番目の正方形は左から11個目の図形，4番目の正方形は左から16個目の図形，…である。次の(1)，(2)の問いに答えなさい。

図1

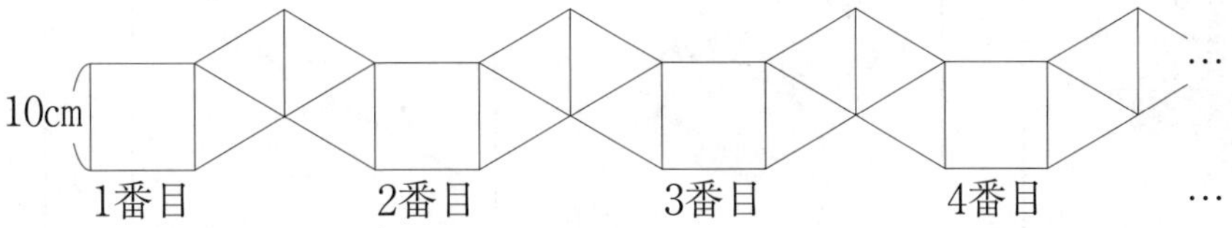

(1)　次の①，②の問いに答えなさい。

①　6番目の正方形は左から何個目の図形か，求めなさい。

②　n番目の正方形は左から何個目の図形か，nを用いて表しなさい。

(2)　右の図2の展開図を組み立てて，右の図3のように各数字が表側から見えるようにして，すべての辺の長さが10cmの正四角すいをつくる。正四角すいの向きを，1が書かれた面が正面，2が書かれた面が右側になるようにして，正四角すいの正方形の面を，図1の1番目の正方形にぴったり重ねる。そして，正四角すいの各面が図1の図形とぴったり重なるように，正四角すいをすべらせることなく右方向に転がしていく。このとき，それぞれの図形と重なった正四角すいの各面に書かれた数を，下の図4のようにそれぞれの図形に書き入れていく。次の①～③の問いに答えなさい。

図2

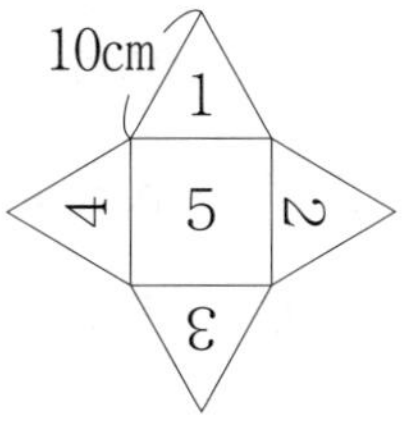

図3

図4

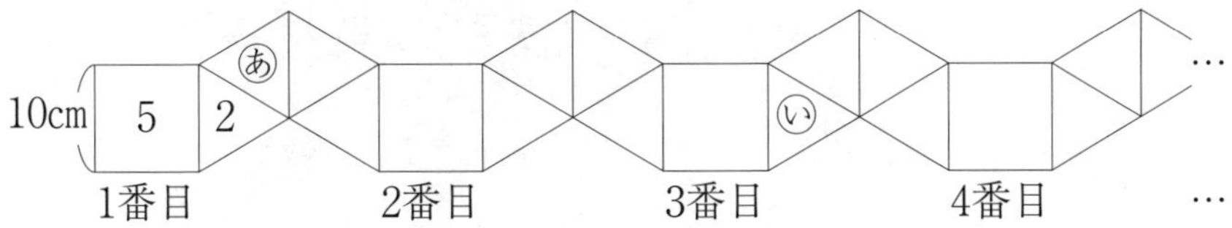

①　図4の㋐，㋑の図形に書き入れられる数を答えなさい。

②　次の(ア)，(イ)の問いに答えなさい。

(ア)　1番目の正方形から6番目の正方形までのすべての図形（正方形と正三角形）に書き入れられる数の和を求めなさい。

(イ)　1番目の正方形からn番目の正方形までのすべての図形に書き入れられる数の和を，nを用いて表しなさい。

③　1番目の正方形から，左から99個目の図形までのすべての図形に書き入れられる数の和を求めなさい。

英　　　語

〔1〕 放送を聞いて，次の(1)〜(3)の問いに答えなさい。

(1) これから英文を読み，それについての質問をします。それぞれの質問に対する答えとして最も適当なものを，次のア〜エから一つずつ選び，その符号を書きなさい。

1 ア  イ 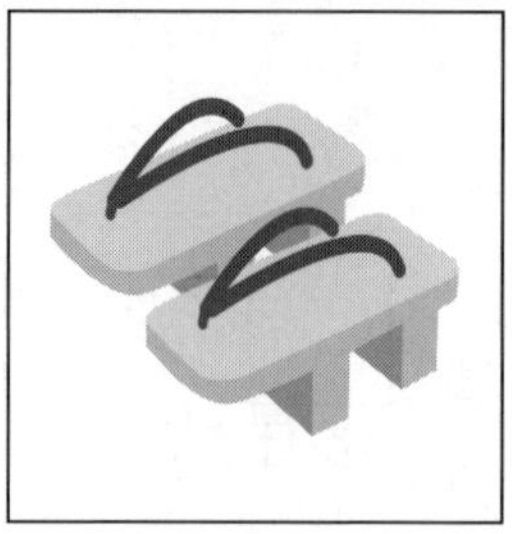 ウ 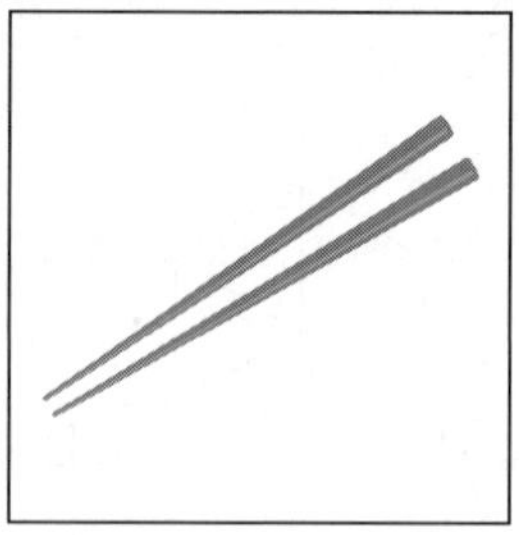 エ 

2 ア Takuya.　イ Yuji.　ウ Jun.　エ Kenta.

3 ア Three years ago.　イ Five years ago.　ウ Last year.　エ Now.

4 ア At her grandfather's house.　イ At the library.
ウ At the hospital.　エ At Kumi's house.

(2) これから英語で対話を行い，それについての質問をします。それぞれの質問に対する答えとして最も適当なものを，次のア〜エから一つずつ選び，その符号を書きなさい。

1 ア Yes, she did.　イ No, she didn't.　ウ Yes, she was.　エ No, she wasn't.

2 ア Akira's.　イ Kyoko's.　ウ Mary's.　エ Mine.

3 ア They will play tennis.
イ They will play soccer.
ウ They will play the piano.
エ They will play video games.

4

(3)　これから，ケイコ（Keiko）が英語でスピーチをします。その内容について，四つの質問をします。それぞれの質問の答えとなるように，次の１～４の[　　　]の中に当てはまる英語を１語ずつ書きなさい。

1　Because Keiko's grandmother made a nice [　　　] as a birthday present for Keiko.

2　She started making it at nine in the [　　　].

3　She lives in the [　　　] town.

4　She showed it to her grandmother after a special [　　　].

〔2〕 次の英文を読んで，あとの(1)～(7)の問いに答えなさい。

Kenji is a junior high school student. Ms. Green is an ALT at Kenji's school. They are talking before English class.

Ms. Green : Hi, Kenji. How was your spring vacation?

Kenji : Hi, Ms. Green. It was great. I went to Tokyo to see my uncle. I had a wonderful experience there. I helped a woman.

Ms. Green : Oh, did you?

Kenji : Yes. When I was A[wait] for my uncle in front of the ticket gate at Tokyo Station, a woman spoke to me in English. She said, "Excuse me. Can you help me?"

Ms. Green : What did you do?

Kenji : She looked worried, so I said, "*Hai*," in Japanese. Then she said, "I came to Japan for the first time. B[I, to, how, can, get] Asakusa?" And she showed me a map.

Ms. Green : Did you understand her English?

Kenji : Yes, I did. Her English was easy.

Ms. Green : Then did you show her the way to Asakusa?

Kenji : Well.... At first I just pointed at the map without speaking English. I wanted to speak English, but I could not because I was nervous.

Ms. Green : By C doing that, could she understand?

Kenji : No, she could not. Then I D[think], "I learned some English expressions at class. I E[use, to, try, will] them." I said, "We are here at Tokyo Station. First, take the Yamanote Line to Kanda. Then, change trains to the Ginza Line." She smiled and said, "I see. Thank you."

Ms. Green : You did great. Did you talk with her about anything else?

Kenji : Yes, I did. I asked, "Where are you from?" She was from Canada. So I asked her some questions about Canada. I think I made several mistakes in English. When she left, she said to me, "You're kind. I enjoyed talking with you." And I said, "Me, too."

Ms. Green : You had a great experience. You were not afraid of making mistakes. When you speak English, making mistakes is an (F) thing. Through making mistakes, you get the chance to learn more.

Kenji : I think so, too. And I learned G another thing through this experience. I can use many English expressions outside of class.

Ms. Green : That's right. You should speak English outside of class. It's one good way to learn English. If you do so, [H]. Kenji, come and talk to me more often.

Kenji : Thank you, Ms. Green. I will do that.

(注) experience　経験　　ticket gate　改札　　worried　心配した　　map　地図
way to ～　～への行き方　　at first　最初は　　point　指す　　expression　表現
～ Line　～線(鉄道などの路線)　　change trains　電車を乗りかえる　　make mistakes　間違う
left　leaveの過去形　　chance　機会　　outside of ～　～以外で　　should ～　～すべきである

(1)　文中のA，Dの □ の中の語を，それぞれ最も適当な形(1語)に直して書きなさい。

(2)　文中のB，Eの □ の中の語を，それぞれ正しい順序に並べ替えて書きなさい。

(3)　下線部分Cについて，ケンジ(Kenji)の行動を具体的に日本語で書きなさい。ただし，文末を「～こと。」の形にすること。

(4)　文中のFの(　　)の中に入る最も適当な語を，次のア～エから一つ選び，その符号を書きなさい。

ア　angry　　イ　old　　ウ　important　　エ　excited

(5)　下線部分Gについて，ケンジが学んだことの内容を具体的に日本語で書きなさい。ただし，文末を「～こと。」の形にすること。

(6)　文中のHの □ に入る最も適当なものを，次のア～エから一つ選び，その符号を書きなさい。

ア　it will be bad for you

イ　your English will be better

ウ　you must not make mistakes

エ　you don't have to talk with other people

(7)　本文の内容に合っているものを，次のア～オから一つ選び，その符号を書きなさい。

ア　Kenji went to Tokyo Station because he wanted to help people.

イ　The woman's English was difficult, so Kenji could not understand.

ウ　Kenji used some English expressions to show the woman the way to Asakusa.

エ　Kenji doesn't think he made some mistakes when he talked with the woman in English.

オ　Kenji talked with the woman in English, but they didn't have a good time.

〔3〕　次の(1)～(3)の日本語を英語に直しなさい。

(1)　私はそのイヌに何か食べるものを与えました。

(2)　あなたの家の近くにレストランがいくつかありますか。

(3)　私の学校では，野球はテニスよりも人気があります。

〔4〕 次の英文は，ある中学校で英語を担当している田中先生(Mr. Tanaka)が授業で話したスピーチです。これを読んで，あとの(1)～(7)の問いに答えなさい。

When I was a junior high school student, I was not good at speaking English, and didn't like doing that. One day, I had to make a speech in English. I didn't want to do that. Then I remembered my favorite soccer player's words. He said, "Your words change your actions. Your actions change your life." Before his games, he always said to himself, "I am a great player." So before my speech, I said to myself, "I am a great speaker." After the speech, my English teacher said, "You spoke very well." [a] When I heard that, I was very glad.

(A) I didn't know the answer that day. But this event changed my life. B I decided to study English hard because I really wanted to speak English better. When I was a university student, I stayed in Australia for one year. I studied hard at school and often watched TV at home to learn English. [b]

One day, I found an interesting TV program about an experiment. It was an experiment about people's actions. How do words change people's actions? A researcher wanted to know that. He tested people. He showed people some words and they put the words into the right order. [c]

There were two groups of people in the experiment. The first group saw some words related to old people. The second group saw some words related to young people. For example, people in the first group saw the words, "man", "the", "old" and "looks", and put them into the right order. [d]

After the test, the people walked out of the room. C How fast did they walk before and after the test? The researcher recorded that, but he didn't tell them about that.

What did the researcher find? Well, people in the first group walked slowly after the test. People in the second group walked quickly after the test. The researcher didn't say to them, "Walk slowly," or "Walk quickly." In the TV program, the researcher said, "They just saw some words, and the words changed their actions."

I was surprised. [e] Now I believe that words have the power to change actions. When you use some (D), you can change your own actions. Please remember that your words can also change the actions of people around you because they see or hear your words.

(注) make a speech　スピーチをする　action　行動　say to oneself　自分に言い聞かせる
speaker　話し手　decide to ～　～しようと決心する　university　大学
found　find の過去形　experiment　実験　researcher　研究者　test　テストする，テスト
put　put の過去形　put ～ into …　～を…の状態にする　order　順序
related to ～　～に関係した　out of ～　～から外へ
How fast ～？　どのくらい速く～か。　record ～　～を記録する　slowly　ゆっくり
quickly　速く　believe (that) ～　～だと信じる

(1) 次の英文は，文中のa～eの［　　　］のどこに入れるのが最も適当か。当てはまる符号を書きなさい。

Just seeing some words changed the people's actions.

(2) 文中のAの（　　）の中に入る最も適当なものを，次のア～エから一つ選び，その符号を書きなさい。

ア　Why did I speak well?

イ　How did my teacher feel?

ウ　What can I do to play soccer well?

エ　What did my favorite soccer player say?

(3) 下線部分Bについて，田中先生がそのように決心した理由を具体的に日本語で書きなさい。ただし，文末を「～から。」の形にすること。

(4) 下線部分Cについて，テストのあとで，それぞれのグループの人々がどのような速さで歩いたかを具体的に日本語で書きなさい。

(5) 文中のDの（　　）の中に入る最も適当な語を，次のア～エから一つ選び，その符号を書きなさい。

ア　actions　　イ　things　　ウ　tests　　エ　words

(6) 次の①～③の問いに対する答えを，それぞれ３語以上の英文で書きなさい。ただし，数字も英語のつづりで書くこと。

①　Did Mr. Tanaka like speaking English before making a speech at junior high school?

②　Where did Mr. Tanaka stay for one year when he was a university student?

③　How many groups were there in the experiment?

(7) 本文の内容に合っているものを，次のア～オから一つ選び，その符号を書きなさい。

ア　Before making an English speech, Mr. Tanaka said to himself, "I am a great player."

イ　Mr. Tanaka wanted to speak English well, so he read a book about an experiment.

ウ　In the experiment, people in the first group were older than people in the second group.

エ　In the experiment, the researcher said to people, "Don't walk slowly."

オ　Now Mr. Tanaka thinks that words can change people's actions.

第８回　実戦問題　国語

区分コード・受験番号（右よせ）・氏名を正確に記入しなさい。

区分コード	受験番号	氏名	得点

〔一〕

(一)
1 屋外
2 因習
3 償い
4 尽力
5 額縁
6 山積

(二)
1 ハイユウ
2 シマツ
3 アセって
4 チガう
5 ハカる
6 セイビ

〔二〕

(一)　(二)　(三)　(四)　(五)

〔三〕

(一) ①　②
(二) (1)　(5)
(三) 40
(四)
(五) 60

〔四〕

(一)
(二) ア　イ　5　10
(三) 20
(四) 50
(五) 100

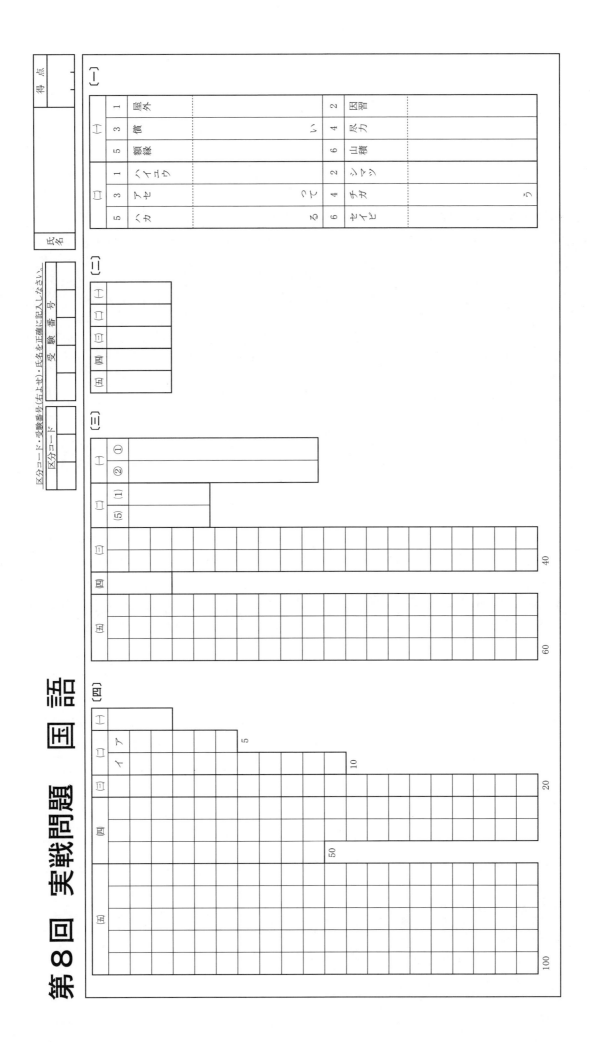

第８回　実戦問題　数学

区分コード・受験番号(右よせ)・氏名を正確に記入しなさい。

区分コード	受験番号	氏名	得点

〔１〕

(1)		(2)		(3)	
(4)		(5)	$x=$	(6)	$x=$　　$,y=$
(7)	$y=$	(8)	$\angle x=$　　度	(9)	

(10)	第１四分位数	回	第２四分位数	回
	第３四分位数	回	四分位範囲	回

〔２〕

(1)	答 A地点～B地点　分 B地点～C地点　分
(2)	答
(3)	答 $a=$
(4)	

〔３〕

(証明)

〔４〕

(1)	答　　cm³
(2)	答　　cm³
(3)	答　　個目

〔５〕

(1)		答
(2)		答 (　　,　　)
(3)		答
(4)	ア	答
	イ	答

〔６〕

(1)	①		答　　個目
	②		答　　個目
(2)	①	あ	答
		い	答
	②	(ア)	答
		(イ)	答
	③		答

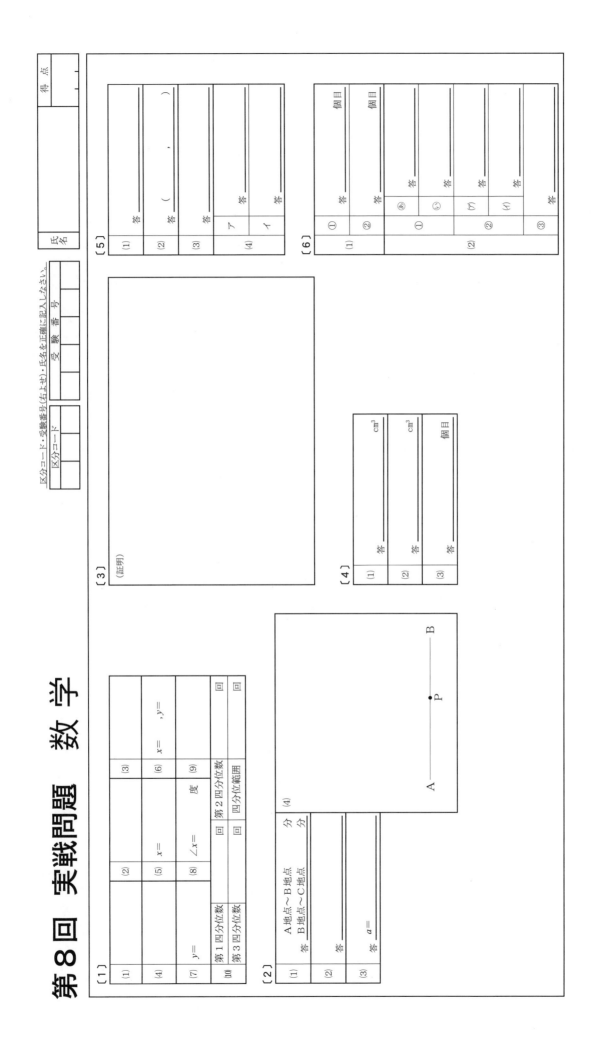

第８回　実戦問題　英語

区分コード・受験番号(右よせ)・氏名を正確に記入しなさい。

区分コード			受験番号				

氏名		得点

〔1〕

(1)	1		2	
	3		4	
(2)	1		2	
	3		4	
(3)	1		2	
	3		4	

〔2〕

(1)	A		D	
(2)	B			
	E			
(3)				
(4)				
(5)				
(6)				
(7)				

〔3〕

(1)	
(2)	
(3)	

〔4〕

(1)		
(2)		
(3)		
(4)		
(5)		
(6)	①	
	②	
	③	
(7)		

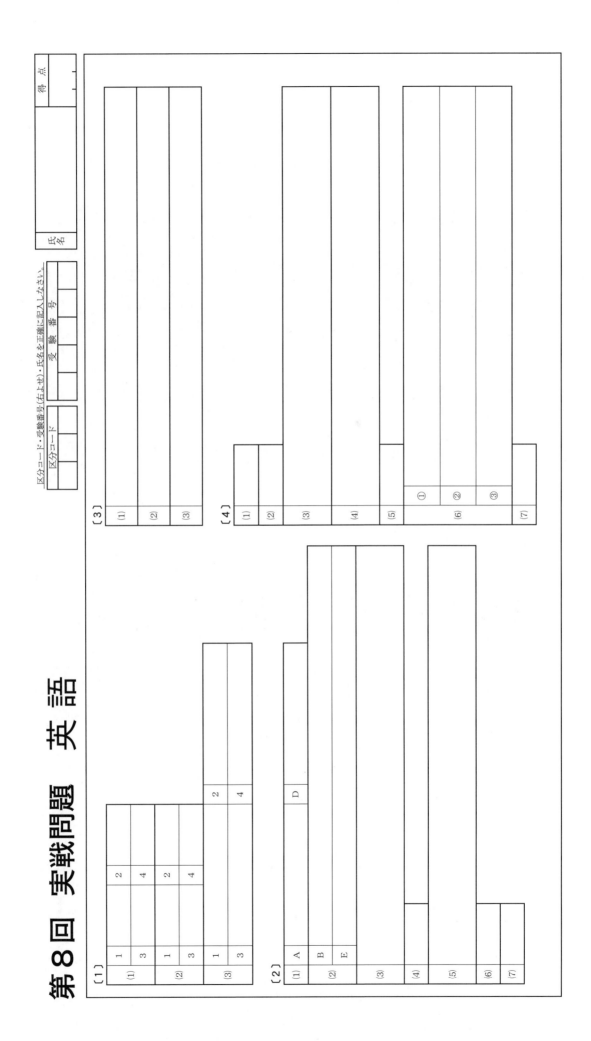

(一) 文章中の［＊］に最もよく当てはまる言葉を、次のア〜エから一つ選び、その符号を書きなさい。

ア　また　　イ　つまり　　ウ　たとえば　　エ　ところが

(二) ――線部分(1)の「話し合うための共通の土台」とは何か。別の言葉で言い表している部分を文章中から抜き出し、十二字で書きなさい。

(三) ――線部分(2)について、「ある種の強迫観念」とは何か。それを説明したものとして最も適当なものを、次のア〜エから一つ選び、その符号を書きなさい。

ア　原発事故の原因を天災のせいにすることは、問題の根本的な解決にならないという不満。

イ　原発を再稼働させることは、日本の生産力を維持するために必要不可欠だという確信。

ウ　原発事故の真相を追及することは、日本経済の復興をさまたげるかもしれないという不安。

エ　原発を再稼働させることが財界の総意であり、同意をしない人は排除すべきという使命感。

(四) ――線部分(3)について、このようなことになるのはなぜか。「彼ら」とは誰か明らかにしながら、その理由を五十字以内で書きなさい。

(五) Ⅱの文章は、Ⅰの文章と同じ著書の一部である。次の①・②の問いに答えなさい。

Ⅱ

「個人の感情を交えないこと」と関連しているのですが、これと似ていて少し違った「非科学的」な言い方があることを述べておきましょう。私たちは、よく「これは経験した者でないとわからない」とか「あなたには私の気持ちはわからない」と言われたり、あるいは「私がこの目で見たことを信用しないの？」と詰め寄られたりしたことはありませんか？　このように言われると、もはや議論したり、それ以上問いかけたりすることができなくなり、互いにもはや理解できないという気持ちにさせられますね。

このように言う人は自分の経験を絶対視しており、それはどう批判されようと絶対に正しく誰も否定できないと思い込んでいるのです。確かに自分が経験し、実際に自分の目で見たのだから、他人には否定しようがないとの自信もあるのでしょう。そのため、それを疑う言葉を一切受け付けなくなります。人から少しでも批判されると、自分の経験を絶対正しいとして人の言い分を何ら聞き入れず、自分の言っていることを立ち止まって考え直したり、違った目で見直したりすることがなくなってしまうのです。

① 筆者は、科学的に議論を進めるためにはどうするべきだと述べているか。Ⅰの文章を踏まえて八十字以内で書きなさい。

② 筆者は、どうすることが科学的な議論にならないと述べているか。ⅠとⅡの文章を踏まえて、八十字以内で書きなさい。

〔四〕 次のⅠ・Ⅱの文章を読んで、㈠～㈤の問いに答えなさい。

Ⅰ

物事を「科学的」に進めるためには、真実として認められた事実は、たとえ自分が不愉快でも正直に受け入れなければなりません。そうすることで、互いに共通する事実を足場にして互いの意見を出し合い、どうすべきかの次のステップへと進むことが可能になるからです。それが「科学的」な議論を進める基本条件と言えるでしょう。

[＊]、自分の気に入らない事実や自分の主張と相いれないような事実があると、それを意識的に避けて認めまいとする、あるいはそれを歪曲《わいきょく》して違った意味に解釈《かいしゃく》する、というような態度をとる人がいます。そのような場合には、(1)話し合うための共通の土台がなくなり、すれ違うばかりで、建設的で「科学的」な議論にはなりません。

実際に私が経験したのは、原発事故が起こったとき、ある経済人が事故の真相については深入りせず、もっぱら日本の生産力を維《い》持するためには原発はどうしても必要だ、と強調するばかりだったということがあります。原発事故を厳しく追及することは日本の未来を危うくするものであると言い、事故は天災のせいだから原因を追及しても仕方がない、早く原発を再稼《か》働させないと日本経済はダメになる、と主張するのです。彼にとっては原発が欠陥《けっかん》技術であると言われることを好まず、問題の焦《しょう》点をそこから切りはなすことが目的なので、日本経済の話を持ち出すのです。それによって(2)相手にある種の強迫観念を抱かせ、反論しにくくさせるのでフェアな議論とは言えません。

これは原発問題に限ったことではなく、世論が二分するような問題において、政治家や財界寄りの権力に近い人において共通する傾向で、自分たちの主張が思い通りに進まないとき、それに同意しない意見を述べる人に対して浴びせる偏った議論に多く見受けられます。そのような人は、一般に何事でも自分の思い通りに進んできたことが多く、どうせ自分の言う通りになるのだから、ぐだぐだ言わずに受け入れろ、という言い方になり勝ちです。(3)彼らの主張の限界や問題点をいくら指摘《てき》しても受け入れないのです。真摯に自分の意見の限界や不合理な点を認めない人とは「科学的」な議論ができないことは明白なのですが、日本ではそのような議論に決着をつけないまま政治が進んでいくことが多くあります。

これは私の愚《ぐ》痴《ち》ですが、国の政治がもっと「科学的」であることを望みたいと思っています。

「科学的」であるためには、まず何を問題にするかの焦点を絞り、好むと好まざるとにかかわらず、その問題に対して真剣《けん》に向き合い、道理や理屈《くつ》にかなった論理に従って議論・考察が進められなければなりません。自分の気に入らないからと、意識的に異なった問題を持ち込み、話の筋道を混乱させる態度はフェアではありません。その場合、問題をわからなくさせてしまうとか、別の問題にすり替えてしまうという魂胆《こんたん》があると思った方がいいでしょう。

（池内　了「なぜ科学を学ぶのか」より　一部改）

（注）経済人＝経済社会の事情に詳しい人。
フェア＝公平で正しい態度。
財界＝実業家や、銀行などの金融業者などが構成する社会。経済界。

㈢ ——線部分(2)の意味として最も適当なものを、次のア～エから一つ選び、その符号を書きなさい。

ア　これを褒《ほ》めたたえぬ者は一人もいなかった
イ　これを非難しない者は一人もいなかった
ウ　これを知らん顔する者は一人もいなかった
エ　これを面白がらぬ者は一人もいなかった

㈣ ——線部分(3)の「あさましき」の意味として最も適当なものを、次のア～エから一つ選び、その符号を書きなさい。

ア　あわれな　　イ　恐るべき
ウ　珍しい　　エ　あきれた

㈤ ——線部分(4)について説明した次の文の［A］、［B］に当てはまる言葉を、文章を踏まえ、それぞれ十字以内の現代語で書きなさい。

> 「待ち給へ」という府生の言葉には、家主の［A］ためと、自分の［B］を信じる思いが込められている。

㈥ 文章中の［＊］には、「見事に」という意味の言葉が当てはまる。最も適当なものを、次のア～エから一つ選び、その符号を書きなさい。

ア　をかしく　　イ　はかばかしく
ウ　めでたく　　エ　つきづきしく

〔三〕 次の文章は、「宇治拾遺物語」の一部である。この文章を読んで、㈠〜㈥の問いに答えなさい。

これも今は昔、門部府生《かどべのふしやう》といふ舎人《とねり》ありけり。若く《若くて貧しい》身は貧しくて《身だったが》ぞありけるに、ままきを好みて射けり。夜も射ければ、わづかなる家の葺板《ふきいた》を抜きて、(1)ともして射けり。妻もこの事をうけず、近辺の人も、「あはれ、よしなし事し給《たま》ふものかな《なんと、つまらぬことをなさるものよ》」といへども、「我家もなくてはまどはむは、誰も何か《自分の家をこわして路頭に迷ったところで、誰に遠慮が》苦しかるべき《いるものか》」とて、なほ葺板をともして射る。(2)これをそしらぬ者一人もなし。

かくする程に、葺板みな失せぬ。果てには垂木《たるき》、木舞《こまひ》を割り焚《た》きつ。(中略)「これ、(3)あさましき物のさまかな」と言ひ合ひたる程に、板敷《いたじき》、下桁《したげた》までもみな割り焚きて、隣の人の家に宿りけるを、家主、この人の様体《やうだい》を見るに《この人の様子を見ていて》、「この家もこぼち焚きなんず《こわして焚くに違いない》」と思ひていとへども《思って嫌がっていたが》、「さのみこそあれ《今はまだこんな状態ですが》、(4)待ち給へ」などいひて過ぐる程に、よく射る由《よし》聞こえありて《弓を上手に射るとの評判が立って》、召し出《いだ》されて、賭弓《のりゆみ》つかうまつるに《賭弓に出場したところ》、[＊]射ければ、叡感《えいかん》ありて《天皇のお褒めにあずかり》、果ては相撲《すまひ》の使に下りぬ《とうとう相撲人を招集する使者として諸国に派遣される役職に就くことになった》。

㈲ 門部府生＝人名。
舎人＝朝廷を守ったり、雑用を務める下級職員。
ままき＝実戦用ではなく競技用の弓。
葺板＝屋根をおおって作るための板。
垂木＝屋根の一番高い棟から一番下の軒まで渡して屋根を支えている木材。
木舞＝軒の垂木に横に渡す細い木材。
板敷＝床板。
下桁＝床板を張るために板の下に渡す木材。
賭弓＝宮中（天皇の住む御所）で行われる弓の大会。正月の一大行事だった。
相撲の使＝相撲は夏に行われる宮中の行事。これに出場する相撲人を招集する使者は、賭弓の勝者がたまわる名誉な役職だった。

㈠ 〰〰線部分の「言ひ合ひ」を現代かなづかいに直し、すべてひらがなで書きなさい。

㈡ ——線部分(1)の「ともして射けり」とはどういうことか。また何のためにこのようなことをしたのか。現代語で三十字以内で書きなさい。

(一) ――線部分(1)の「流通」と、構成（組み立て、成り立ち）が同じ熟語を、次のア～エから一つ選び、その符号を書きなさい。

ア　親身　　イ　文学　　ウ　安易　　エ　加減

(二) ――線部分(2)の「わかっ」を、終止形（言い切りの形）に直して書きなさい。

(三) ――線部分(3)について説明した次の文の、＊に当てはまる言葉を、文章中から抜き出して、二字で書きなさい。

> 相手のちがいを「許し」たり「認め」たりすることは、すなわち、相手を＊するということである。

(四) ――線部分(4)の「聞こえる」と同じ活用の種類の動詞を、次のア～エの――線部分から一つ選び、その符号を書きなさい。

ア　この地域の歴史をもっと詳しく調べてくれませんか。

イ　明日はいつもより早く起きないと集合時間に間に合わない。

ウ　私は将来、海が見える町に住もうと思っています。

エ　他のメンバーはもうすぐこちらに来る予定です。

(五) この文章の内容を説明したものとして最も適当なものを、次のア～エから一つ選び、その符号を書きなさい。

ア　異文化理解は、異なる文化の中に自分たちと共通するものを見つけることで理解が深まる。

イ　ちがいを認めあい差異を理解することは、相手との別物性を認識する上で必要なことである。

ウ　相手の喜怒哀楽は自分の心の動き次第で様々な意味に解釈できるので、自身への理解も大切だ。

エ　異文化であっても同じ文化であっても、共存のために相手とのちがいを認めなければならない。

国　語

〔一〕 次の㈠、㈡の問いに答えなさい。

㈠ 次の1～5について、――線をつけた漢字の部分の読みがなを書きなさい。

1 彼女は頑固なところがある。
2 白濁した川の水をきれいにしたい。
3 手入れを怠ったために花が枯れてしまった。
4 落ち葉が堆積して栄養豊富な土ができた。
5 科学者たちが地球温暖化に警鐘を鳴らす。

㈡ 次の1～5について、――線をつけたカタカナの部分に当てはまる漢字を書きなさい。

1 少しハナれた場所に引っ越す。
2 新しい役員で生徒会をソシキする。
3 彼はついに新記録をジュリツした。
4 あなたの本をハイシャクしたい。
5 コンクールで歌うガッショウ曲を練習する。

〔二〕 次の文章を読んで、㈠～㈤の問いに答えなさい。

近年、異文化理解ということがよく話題にされる。〈ヒト・カネ・モノ・情報が世界規模で(1)流通する時代なのだから、私たち日本人も異文化を理解し、異文化を持つ人々と共存する心がまえを持たねばならない〉といわれる。ぼくも、ナルホドその通りだと思う。けれど、そのさいよく出てくる「ちがいを認めあう」「差異を差異として受けとめる」という言い方に、ぼくはやや違和感を持つ。

誰かのことを「ああわかった」と思えた経験、そこから考えはじめてみよう。相手の行動や言葉がよくわからなくて、「どういう人なんだろうか」「嫌《いや》なやつだな」と以前から思っている。でも何かのきっかけで話しこんだとき、何を求めどういうルールで生きているのかが、その人の喜怒《ど》哀楽や心の動きとともに(2)わかってくることがある。このとき、「ちがい」の発見だけでなく、自分と共通する心の動きを相手のなかに見いだしているはずだ。共通なものをみつけ共感するからこそ、(3)相手のちがいを「許し」たり「認め」たりすることもできるようになるのだ。

このことは、異文化理解でも基本的には同じだと思う。「共通な人間性」ともいうべきものの感受がなければ、異文化の理解などはありえないはずだからだ。しかし「ちがいを認めあう」というだけの言い方だと、彼我《ひが》のちがいがまるで絶対なもののように(4)聞こえる。たとえば日本文化と韓国《かんこく》文化はまったく別物であって、別物同士がその別物性を認めあうのがよい、というような、ありえない話になってしまう。

（西　研「哲学の練習問題」より）

第9回

数　　　学

〔**1**〕次の(1)〜(8)の問いに答えなさい。

(1)　$-4-(+4)$　を計算しなさい。

(2)　$(-6ab)^2 \div (-12ab^2)$　を計算しなさい。

(3)　連立方程式 $\begin{cases} 5x+8y=5 \\ -x-2y=-3 \end{cases}$ を解きなさい。

(4)　$(a-9)(a+7)$　を展開しなさい。

(5)　$(2x-3y)^2-4x(x-3y)$　を計算しなさい。

(6)　右の図のような，七角形ＡＢＣＤＥＦＧがあり，辺ＤＥは直線ℓ上にある。このとき，$\angle x$の大きさを答えなさい。

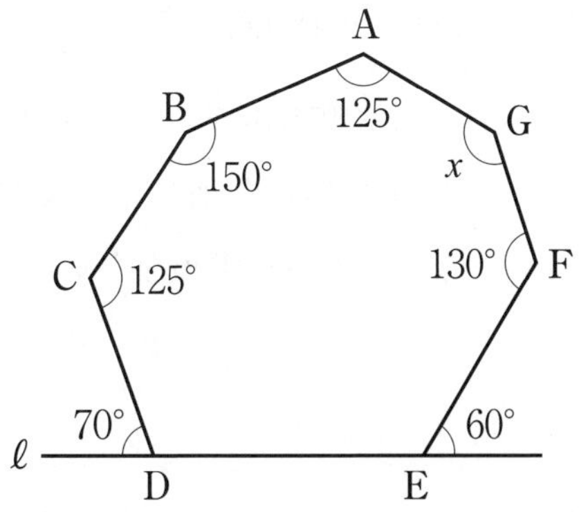

(7)　右の図のような，平行四辺形ＡＢＣＤがある。辺ＢＣ上に点Ｅをとり，点Ｅから線分ＢＤに平行な直線を引き，辺ＣＤとの交点をＦとする。このとき，△ＡＤＦと面積の等しい三角形を，次のア～カから２つ選び，その符号を書きなさい。

ア　△ＡＢＥ　　イ　△ＡＢＦ　　ウ　△ＡＥＦ
エ　△ＢＤＦ　　オ　△ＣＤＥ　　カ　△ＤＥＦ

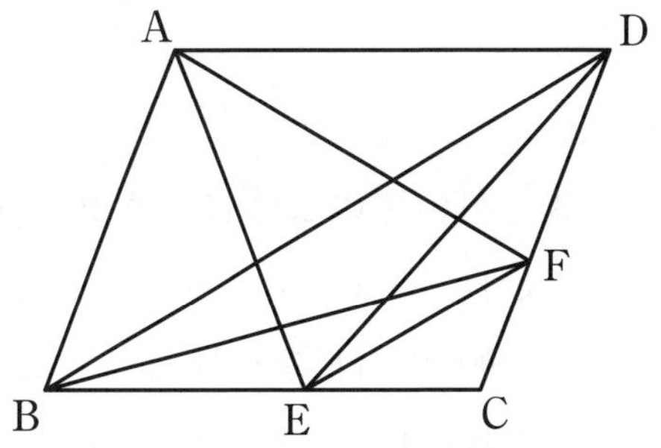

(8)　ある中学校の３年１組の生徒30人が数学のテストを受けた。右の図は，30人の得点を箱ひげ図に表したものである。このとき，次の①，②の問いに答えなさい。

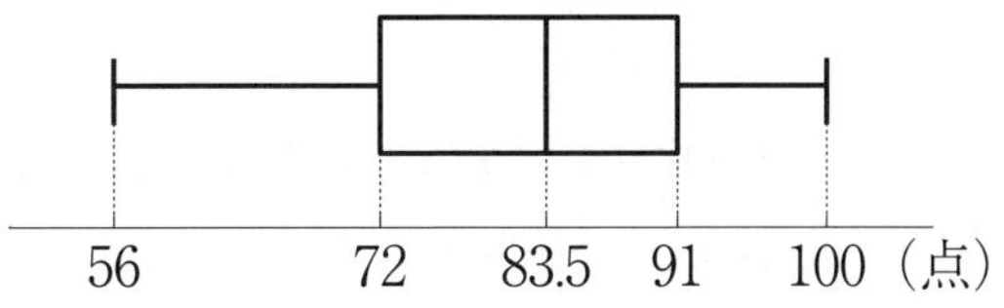

①　30人の得点の四分位範囲を答えなさい。

②　30人の得点を低い順に並べたとき，15番目の得点は81点であった。16番目の得点は何点か，答えなさい。

〔2〕次の(1)～(4)の問いに答えなさい。

(1) ある町のボランティア活動に，A中学校の生徒250人のうちのa％と，B中学校の生徒150人のうちの2a%が参加した。参加した生徒数は，A中学校とB中学校を合わせて187人であった。このとき，aの値を求めなさい。

(2) 右の図のように，赤玉1個，白玉2個が入っている袋Aと，赤玉3個，白玉2個が入っている袋Bがある。袋A，袋Bから，それぞれ1個ずつ玉を取り出すとき，取り出した2個の玉の色が同じである確率を求めなさい。

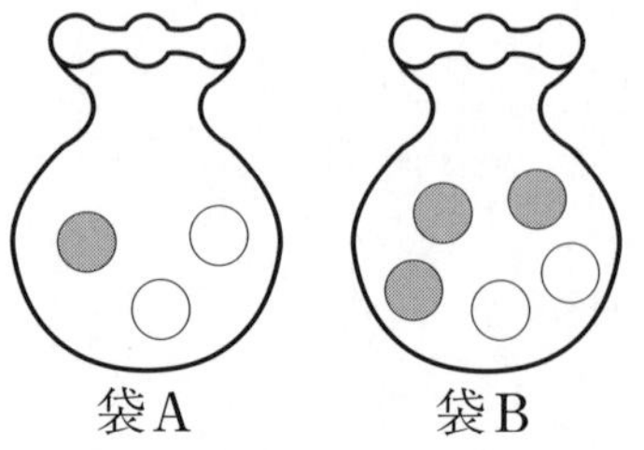

(3) 右の図のように，AB = 5cm，BC = 6cm，CD = 4cm，DA = 3cm，∠BCD = ∠CDA = 90°の台形を底面とし，高さが10cmの四角柱ABCD－EFGHがある。このとき，次の①，②の問いに答えなさい。

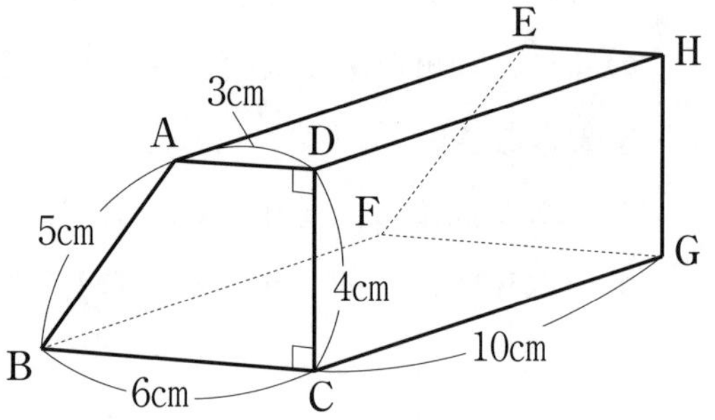

① 四角柱ABCD－EFGHの表面積を求めなさい。

② 点Cを頂点とし，四角形ABFEを底面とする四角すいC－ABFEの体積を求めなさい。

(4) 下の図のように，直線ℓと点Aがある。直線ℓ上にあり，$\ell \perp$ APとなる点Pを，定規とコンパスを用いて作図しなさい。ただし，作図は解答用紙に行い，作図に使った線は消さないで残しておくこと。

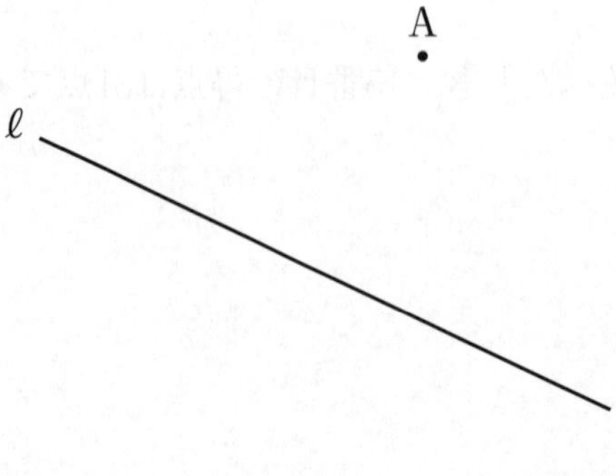

〔**3**〕右の図のような，正方形ＡＢＣＤがある。点Ｃを中心とし，辺ＡＢ，ＡＤと交わるように円をかき，それぞれの交点をＥ，Ｆとする。このとき，△ＢＣＥ≡△ＤＣＦであることを証明しなさい。

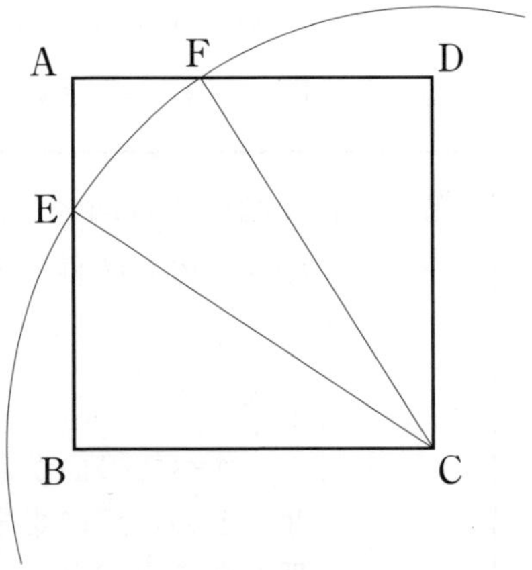

〔**4**〕下の図で，双曲線ℓは関数$y=-\dfrac{16}{x}$のグラフ，直線mは関数$y=2x-8$のグラフ，直線nは関数$y=-x+13$のグラフである。曲線ℓ上に，x座標が-4となる点Ａをとる。直線mと直線n，x軸，y軸との交点をそれぞれＢ，Ｃ，Ｄとする。このとき，次の(1)～(3)の問いに答えなさい。

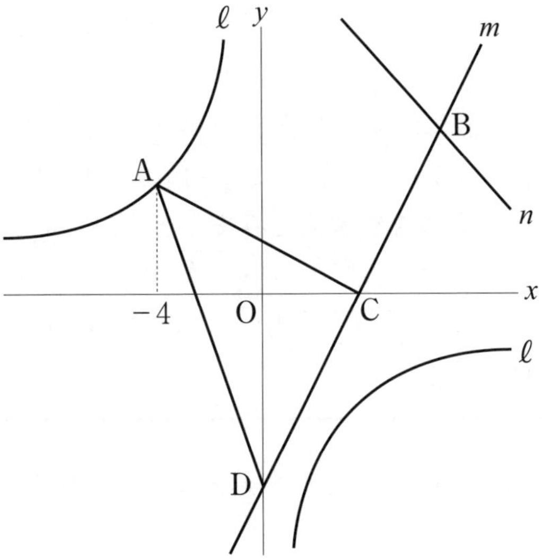

(1)　関数$y=-\dfrac{16}{x}$のグラフ上にあり，x座標，y座標がともに整数である点は全部で何個あるか。正しいものを，次のア～エから１つ選び，その符号を書きなさい。

ア　５個　　　イ　８個　　　ウ　10個　　　エ　16個

(2)　点Ｂの座標を求めなさい。

(3)　△ＡＣＤの面積を求めなさい。

〔5〕次の文は，ある中学校の数学の授業での，先生と生徒の会話の一部である。この文を読んで，あとの(1)〜(3)の問いに答えなさい。

先生：右の図は正八面体で，正多面体の一種です。多面体のうち，次の3つの［条件］をすべて満たすものを，正多面体と呼びます。

図

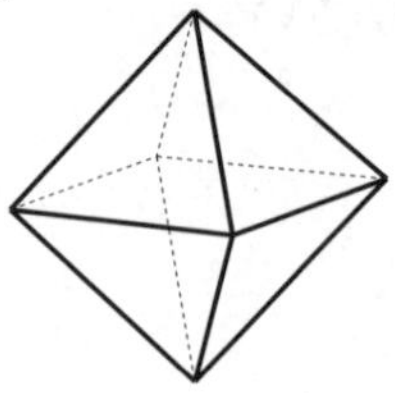

［条件］
Ⅰ　すべての面が合同な正多角形である。
Ⅱ　どの頂点に集まる面の数も等しい。
Ⅲ　へこみがない。

リエ：正八面体は，すべての面が合同な正三角形で，どの頂点に集まる面の数も4つで等しく，へこみがないので，正多面体と言えるのですね。

先生：そのとおりです。次に，正八面体の頂点の数について考えてみましょう。
正八面体の頂点の数は，図を見て数えることもできますが，計算で求めることもできます。正八面体は，8個の正三角形の面で構成されていて，正八面体の1つの頂点には，4個の正三角形の頂点が集まっています。このことから，正八面体の頂点の数は，
$(3\times8)\div4=6$(個)　と計算で求めることができます。

ケン：他の正多面体の頂点の数も計算で求めることができそうですね。

先生：そうですね。では，正二十面体の頂点の数を求めてみましょう。正二十面体は，20個の正三角形の面で構成されていて，正二十面体の1つの頂点には，5個の正三角形の頂点が集まっていますよ。

ナミ：求められました。正二十面体の頂点の数は，［ア］個です。

先生：そのとおりです。よくできました。最後に，2個の正四面体を1つの面がぴったり重なるように組み合わせてできた立体Aを考えてみましょう。この立体Aは，正多面体といえるでしょうか。

ケン：［イ］ので，いえないと思います。

先生：そうですね。よく説明できました。

(1)　下線部分について，正八面体の展開図として適当でないものを，次のア〜エから1つ選び，その符号を書きなさい。

ア

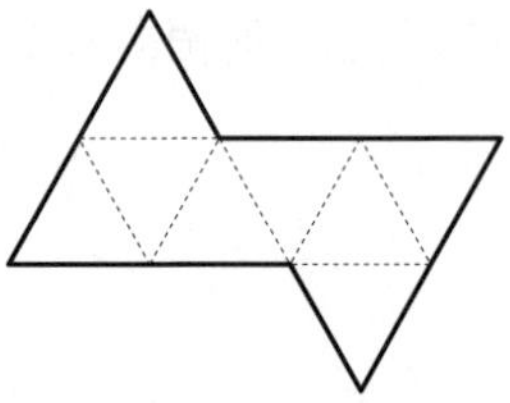

イ

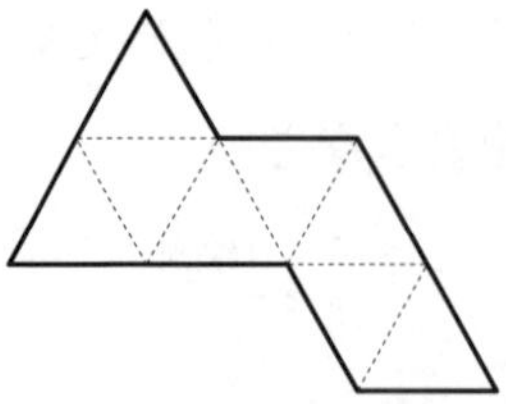

ウ

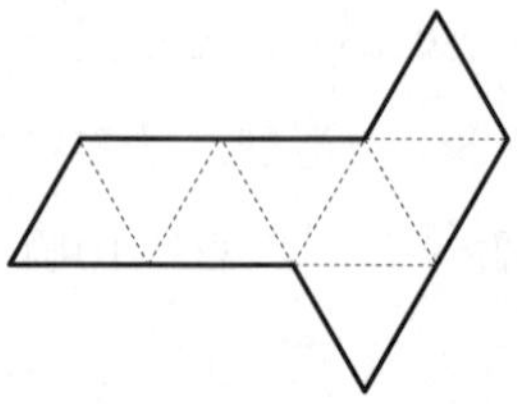

エ

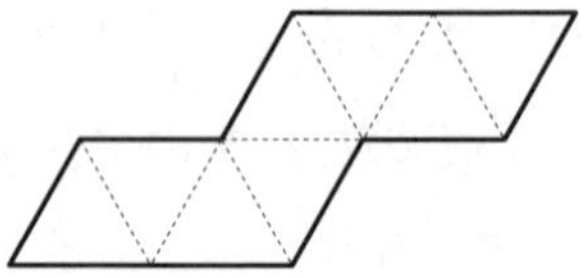

(2)　［ア］に入る値を答えなさい。

(3)　［イ］には，立体Aが正多面体といえない理由が入る。［イ］に当てはまる内容を，上の文中の3つの［条件］すべてにふれた上で具体的に答えなさい。

〔**6**〕右の図1のように，面積が72㎠である円Oの円周上に，3つの点A，B，Cがあり，∠AOB＝60°，∠BOC＝90°である。おうぎ形OABを**P**，おうぎ形OBCを**Q**とする。

Qを固定し，**P**を，図1の状態から点Oを回転の中心として時計回り(図の矢印の向き)に回転移動させる。

図1の状態から，**P**をx°だけ回転移動させたとき，**P**と**Q**が重なっている部分（図2の斜線部分）の面積をy㎠とする。このとき，次の(1)～(3)の問いに答えなさい。ただし，**P**と**Q**が重なっていないとき，$y=0$とする。

図1

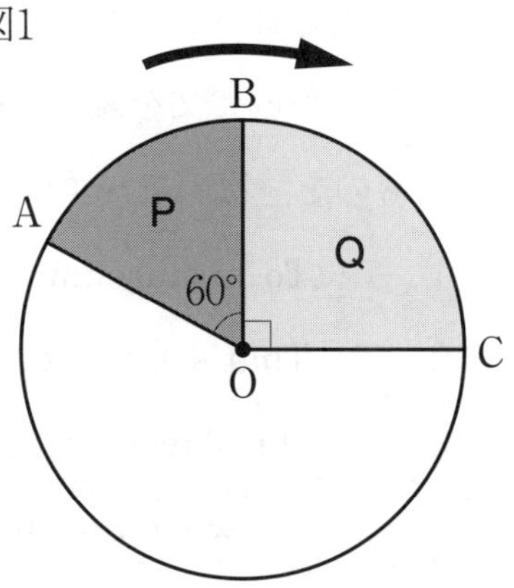

図2

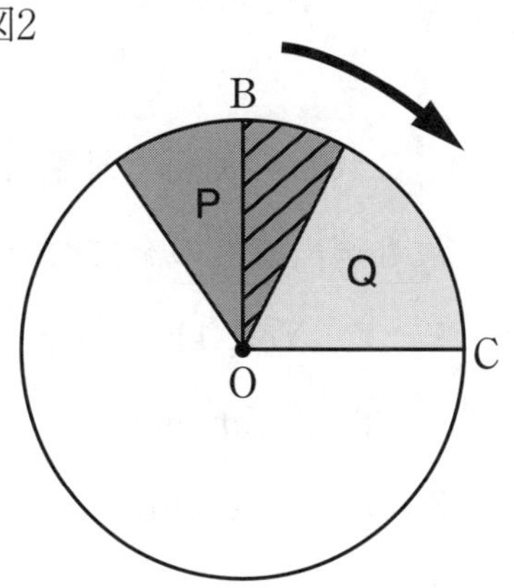

(1) 次の①，②について，yの値を求めなさい。

① $x=45$ のとき

② $x=130$ のとき

(2) 下の表は，$0 \leqq x \leqq 150$のとき，xとyの関係を式に表したものである。［ア］～［ウ］に当てはまる数または式を，それぞれ答えなさい。

xの変域	式
$0 \leqq x \leqq$［ア］	$y=$［イ］
［ア］$\leqq x \leqq 90$	$y=12$
$90 \leqq x \leqq 150$	$y=$［ウ］

(3) xの値がaから$a+20$まで増加するとき，yの値は$\frac{8}{5}$減少するという。このとき，aの値を求めなさい。ただし，$0 \leqq a \leqq 130$とする。

英　　語

〔1〕 放送を聞いて，次の(1)～(3)の問いに答えなさい。

(1) これから英文を読み，それについての質問をします。それぞれの質問に対する答えとして最も適当なものを，次のア～エから一つずつ選び，その符号を書きなさい。

1 ア To a museum.　イ To a station.　ウ To a hospital.　エ To a post office.

2 ア That's too bad.　イ Pardon me?　ウ See you later.　エ That's a good idea.

3 ア He played soccer with his friends.　イ He bought a DVD at a music store.
ウ He went to school with his friends.　エ He watched a DVD at home.

4 ア Snowy.　イ Sunny.　ウ Rainy.　エ Cloudy.

(2) これから英語で対話を行い，それについての質問をします。それぞれの質問に対する答えとして最も適当なものを，次のア～エから一つずつ選び，その符号を書きなさい。

1 ア Yes, she does.　イ No, she doesn't.　ウ Yes, she is.　エ No, she isn't.

2 ア Cabbages.　イ Tomatoes.　ウ Eggs.　エ Cheese.

3 ア At eight.　イ At nine.　ウ At ten.　エ At eleven.

4 ア

イ

ウ

エ

(3) これから，中学生のカオリ(Kaori)のスピーチを放送します。その内容について，四つの質問をします。それぞれの質問の答えとなるように，次の1～4の □ の中に当てはまる英語を1語ずつ書きなさい。ただし，数字も英語のつづりで書くこと。

1 She wants to work at a □.

2 Kaori's □ does.

3 She thinks it is □.

4 They have □ dogs.

〔2〕 次の英文を読んで，あとの(1)～(6)の問いに答えなさい。

Ayaka is a Japanese junior high school student. She went to America to study at a junior high school there. Today was her first day at the school. Emma and Nick are her classmates. Now they are talking after school.

Emma: How was the first day at school, Ayaka?

Ayaka: It was good, but I felt nervous. I could not talk much to my classmates today.

Nick : I understand your feelings. I had A the same experience. When I studied abroad, I also felt very nervous and could not talk much to my classmates on the first day. Are you worried about anything? We can help you.

Ayaka: You are very (B). We have to make a speech in the next class. C I'm worried about it.

Nick : Oh, are you?

Ayaka: Yes. What should I talk about? I can't decide that. Did D [writing, you, your, finish] script, Nick?

Nick : Yes. I'm going to talk about my hobby. I practice the violin every day. To play the violin well isn't easy, but I like its beautiful sound. I want E [violin, to, better, the, play]. How about you, Emma?

Emma: I'm going to talk about my dream. I want to be a scientist because I'm interested in the history of the earth. So, I'm studying science and math hard.

Ayaka: Great! I want to listen to your speeches soon. What should I talk about?

Emma: What are you interested in?

Ayaka: I'm interested in calligraphy. I started to learn it when I was six.

Nick : How about talking about it in your speech?

Ayaka: OK. I'll try.

Emma: Why did you start to learn calligraphy?

Ayaka: My hometown is famous for writing brushes, and many people visit the town to buy them. So, calligraphy is familiar to me.

Emma: Interesting. I want to see your calligraphy.

Ayaka: I (F) my writing brushes with me when I came to America. I can show you my calligraphy.

Emma: Thank you. Well, I want to know more about your hometown.

Ayaka: OK. I'll also talk about the culture and history of my hometown in my speech. I'll do my best.

Nick　: [G] I believe everyone will enjoy your speech, Ayaka. Understanding each other is interesting.

Ayaka : I think so, too.

㊟ feeling 気持ち　script 原稿　sound 音　hometown 故郷　writing brush 毛筆
familiar 親しみのある　each other お互い

(1) 下線部分Aについて，ニック(Nick)はどのような経験をしたか，その内容を具体的に日本語で書きなさい。ただし，文末を「～こと。」の形にすること。

(2) 文中のB，Fの(　　　)の中に入る最も適当な語(句)を，次のア～エからそれぞれ一つずつ選び，その符号を書きなさい。

B　ア strong　イ free　ウ kind　エ safe

F　ア bring　イ brought　ウ bringing　エ to bring

(3) 下線部分Cの理由を，次のア～エから一つ選び，その符号を書きなさい。

ア Because Ayaka could not make any friends on the first day.

イ Because Ayaka is not good at speaking English.

ウ Because Ayaka can't decide what to talk about in the next class.

エ Because Ayaka doesn't think her classmates like calligraphy.

(4) 文中のD，Eの [　　　] の中の語を，それぞれ正しい順序に並べ替えて書きなさい。

(5) 文中のGの [　　　] の中に入る最も適当なものを，次のア～エから一つ選び，その符号を書きなさい。

ア You can do it!　イ My pleasure.　ウ I'm sorry, you can't.　エ That's too bad.

(6) 本文の内容に合っているものを，次のア～エから一つ選び，その符号を書きなさい。

ア Emma is interested in the history of her hometown, so she wants to be a scientist.

イ Nick's hobby is to listen to music, and he likes the beautiful sound of the violin.

ウ Emma became interested in calligraphy, so Ayaka will give her writing brush to Emma.

エ Ayaka thinks that understanding each other is interesting.

〔3〕 次の(1)～(3)の日本語を英語に直しなさい。

(1) あの木の下の自転車は私のものです。

(2) この箱を開けてはいけません。

(3) 彼は4人の中でいちばん年下です。

〔４〕 次の英文は，中学生のサクラ(Sakura)が英語の授業で発表したスピーチの原稿です。これを読んで，あとの(1)～(7)の問いに答えなさい。

Last Saturday, our volleyball team had an important game. I practiced very hard with my team members. However, I didn't play well in the game, and we lost. Other members encouraged me after the game, but I could not stop crying. [a]

After I came back home, I said to my father, "I really wanted to win the game." He said, "I know your feelings, Sakura. You tried hard to win that game." Then he continued, "Well, I'm going to climb a mountain tomorrow. How about going together, Sakura?" "I'm very tired now, so I don't want to go," I answered. He said, "If you walk in a mountain, you may feel good. Why don't you come?" I thought, "It will be nice for a change." [b] I decided to go with him.

The next morning, it was cloudy, but soon after we began to climb, it started to rain. I thought, "Yesterday I lost the game, and today it's raining. Nothing is good to me." When we got to the top, I was disappointed because I could not see anything from there. But my father looked happy in the rain. When we were eating lunch there, I asked him why. He said, "We cannot stop the rain by complaining, Sakura. I just enjoy climbing in any weather. [A] When it rains, you can enjoy the rain." "Enjoy the rain? How can you enjoy when it rains?" I asked. He answered, "See the beautiful trees when they are wet with rain." I said, "But I want to enjoy walking in the sun. [c] It's not interesting." Then he said, "I know your feelings. But there is no winner or loser in climbing. I feel happy in the mountains even on rainy days because I really like mountains." When I heard his words, I remembered the time when I started to play volleyball at the age of nine. At that time, I just enjoyed playing it with my friends. But now I play volleyball just to (B). My father said, "When you have a hard time, you have three things to do. First, you can do your best and run for success. You may think this is always the best choice. But you sometimes need to stop and think about what you have done. This is the second thing. I think [C] this is also important because we can't have success all the time. And you can do one more thing." "What's that?" I asked. He said, "Accept the situation and walk step by step. [d] If you continue to walk, you may find [D] something wonderful along the way." When I was listening to him, I remembered the faces of my team members. I lost the game, but I had a lot of experiences with them.

In the afternoon, it stopped raining. When we started to go down the mountain, my father said, "Look over there, Sakura!" There was a rainbow in the clear sky. My father and I looked at each other. He said, "See? That is 'something wonderful along the way'." I said, "You're right. [e] I can see it only after the rain. No rain, no rainbow!"

My father taught me three important things. Now I think they are all important. When I have a game next time, I will enjoy playing volleyball with my team members.

(注) encourage 励ます　feeling 気持ち　may ～ ～かもしれない　for a change 気分転換に
top 頂上　be disappointed がっかりする　complain 不平を言う　wet 濡れている
winner 勝者　loser 敗者　even ～ ～でさえ　the time when ～ ～したときのこと
success 成功　choice 選択　what you have done あなたがしたこと
all the time いつも　accept 受け入れる　situation 状況　step by step 一歩一歩
along the way 途中で　each other お互い

(1) 次の英文は，文中のa～eの[　　]のどこに入れるのが最も適当か。当てはまる符号を書きなさい。

Climbing on a rainy day is like losing games.

(2) 下線部分Aについて，サクラの父親が例としてあげた内容を，具体的に日本語で書きなさい。ただし，文末を「～こと。」の形にすること。

(3) 文中のBの(　　)の中に入る最も適当な語を，次のア～エから一つ選び，その符号を書きなさい。

ア follow　イ practice　ウ lose　エ win

(4) 下線部分Cについて，サクラの父親がそのように考える理由を，具体的に日本語で書きなさい。ただし，文末を「～から。」の形にすること。

(5) 下線部分Dについて，サクラが登山した日に見つけることができたのは何か。その内容として最も適当なものを，次のア～エから一つ選び，その符号を書きなさい。

ア The sun.　イ A rainbow.　ウ Volleyball.　エ The top of the mountain.

(6) 次の①～③の問いに対する答えを，それぞれ3語以上の英文で書きなさい。

① Did Sakura play volleyball well in the game last Saturday?

② Why was Sakura disappointed when she got to the top of the mountain?

③ What will Sakura do when she has a game next time?

(7) 本文の内容に合っているものを，次のア～エから一つ選び，その符号を書きなさい。

ア Sakura decided to climb the mountain for a change with her team members.

イ Sakura's father said that he liked to climb mountains even in the rain.

ウ Sakura and her father had lunch after they went down the mountain.

エ In the mountain, Sakura was a loser and her father was a winner.

第9回 実戦問題 国語

区分コード・受験番号(右よせ)・氏名を正確に記入しなさい。

区分コード	受験番号	氏名	得点

〔一〕

	番号	語	解答
(一)	1	頑固	
(一)	2	白濁	
(一)	3	怠	った
(一)	4	堆積	
(一)	5	警鐘	
(二)	1	ハナ	れた
(二)	2	ソシキ	
(二)	3	ジュリツ	
(二)	4	ハイシャク	
(二)	5	ガッショウ	

〔二〕

(一)

(二)

(三) 2

(四)

(五)

〔三〕

(一)

(二) 30

(三)

(四)

(五) A 10 B 10

(六)

〔四〕

(一)

(二) 12

(三)

(四) 50

(五) ① 80 ② 80

第9回　実戦問題　数学

区分コード・受験番号(右よせ)・氏名を正確に記入しなさい。

区分コード	受験番号	氏名	得点

〔1〕

(1)		(2)		(3)	$x=$　　$,y=$
(4)		(5)		(6)	$\angle x=$　　度
(7)		(8) ①	点	②	点

〔2〕

(1)		答 $a=$
(2)		答
(3)	①	答　　cm^2
	②	答　　cm^3
(4)		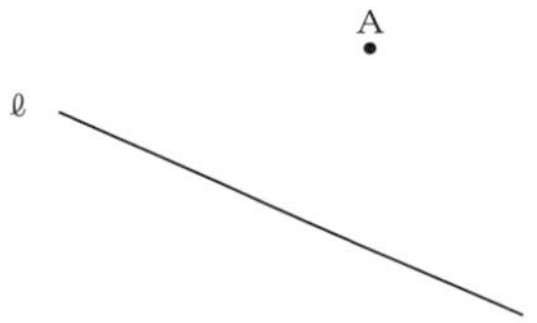

〔3〕

(証明)

〔4〕

(1)	答
(2)	答 (　　,　　)
(3)	答

〔5〕

(1)	答
(2)	答
(3)	(理由)

〔6〕

(1)	①	答 $y=$
	②	答 $y=$
(2)	ア	答
	イ	答
	ウ	答
(3)		答 $a=$

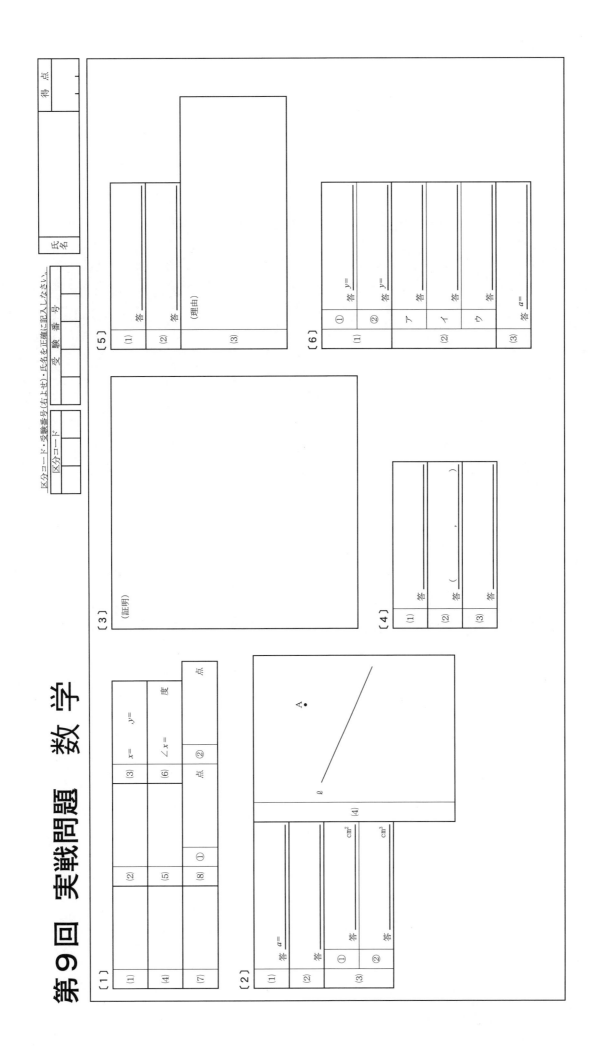

第9回 実戦問題 英語

区分コード・受験番号(右よせ)・氏名を正確に記入しなさい。

区分コード	受験番号	氏名	得点

〔1〕

(1)	1		2	
	3		4	
(2)	1		2	
	3		4	
(3)	1		2	
	3		4	

〔2〕

(1)		
(2)	B	
	F	
(3)		
(4)	D	
	E	
(5)		
(6)		

〔3〕

(1)	
(2)	
(3)	

〔4〕

(1)		
(2)		
(3)		
(4)		
(5)		
(6)	①	
	②	
	③	
(7)		

※問題集に誤植などの不備があった場合は，当会ホームページにその内容を掲載いたします。以下のアドレスから問題集紹介ページにアクセスしていただき，その内容をご確認ください。

https://t-moshi.jp

新潟県公立高校入試対策　中学２年からの受験対策 実戦問題集（国・数・英テスト編）

2023年９月30日　第１版第１刷 発行

発行所　新潟県統一模試会
新潟市中央区弁天3-2-20 弁天501ビル2F
〒950-0901
TEL 0120-25-2262
発売所　株式会社 星雲社（共同出版社・流通責任出版社）
東京都文京区水道1-3-30
〒112-0005
TEL 03-3868-3275
印刷所　株式会社 新潟印刷

ISBN978-4-434-32727-8 C6037